THÈSE

POUR LE DOCTORAT

UNIVERSITÉ DE LYON. — FACULTÉ DE DROIT

DES MOTS

FAMILIA ET PECUNIA

DANS LA LOI DES DOUZE TABLES

THÈSE POUR LE DOCTORAT

Présentée et soutenue le Vendredi 29 Juin 1900

PAR

Joseph BONNET

LAURÉAT DE LA FACULTÉ

PARIS

LIBRAIRIE DE LA SOCIÉTÉ DU RECUEIL GÉNÉRAL DES LOIS ET DES ARRÊTS
ET DU JOURNAL DU PALAIS
Ancienne Maison L. LAROSE ET FORCEL
22, rue Soufflot, 22
L. LAROSE, DIRECTEUR DE LA LIBRAIRIE

1900

DES MOTS *FAMILIA* ET *PECUNIA*

DANS LA LOI DES DOUZE TABLES

Ces mots se trouvent dans plusieurs des fragments les plus importants des Douze tables relatifs à la tutelle, à la curatelle, au régime successoral. L'intelligence de ces deux expressions est donc indispensable à qui veut connaître ces institutions fondamentales de l'ancien droit romain.

Notre sujet a déjà été étudié à plusieurs reprises en France et à l'étranger, du moins incidemment. Pour le traiter d'une manière complète, il faudrait aujourd'hui commencer par passer en revue les théories qu'il a déjà inspirées, les critiquer dans leurs fondements et dans leurs conséquences. Mais notre travail est beaucoup plus modeste ; et, sur ce point, il nous suffira de jeter un coup d'œil sur le système spécieux d'Ihering, développé en France par Cuq, et de voir ce qui se trouve sous ses apparences scientifiques. D'ailleurs, les autres théories ne sont généralement que de simples correctifs apportés à celle d'Ihering dont elles adoptent les principes essentiels : il n'est donc pas nécessaire de s'arrêter à chacune d'elles.

Pour aborder à notre tour le corps du sujet, la méthode la plus rationnelle serait une marche analytique. Faisant abstraction des diverses théories exposées jusqu'à ce jour, nous réunirions tous les passages des auteurs romains, juridiques ou littéraires, dans lesquels se trouvent les mots qui nous intéressent ; après les avoir classés par ordre chronologique, nous les traduirions à l'aide du contexte, et ce travail nous apprendrait l'histoire des mots *familia* et *pecunia*. Mais lorsqu'on entreprend ce travail, on remarque bientôt qu'il n'est pas complètement efficace. Les lois anciennes qui nous sont parvenues ne fournissent aucun tribut à notre collection de mots *familia* et *pecunia*. Quant aux textes littéraires, tous bien postérieurs aux Douze tables, ils ne contiennent, à notre connaissance, aucun renseignement caractéristique. Nos deux mots s'y trouvent souvent, mais avec une portée différente de celle qui leur appartient dans l'ancienne formule *familia pecuniaque*. Cela peut paraître surprenant ; car, suivant la remarque d'Ihering, la langue du droit n'était pas une langue spéciale ; elle se confondait avec le langage courant, beaucoup plus qu'aujourd'hui. Seulement, le mot *familia*, dans l'une de ses acceptions primitives, est tombé de bonne heure en désuétude. En tant qu'il désignait les choses, on peut remarquer avec Ulpien (1) qu'il s'est trouvé comme pétrifié dans les Douze tables et n'a pas évolué depuis cette époque. « Si l'on avait demandé à un romain du temps de Cicéron l'expression par laquelle il désignait son patrimoine, il nous aurait indiqué le mot *bona* : cette expression avait en effet, dans le langage courant, englobé les mêmes choses que les mots *familia pecuniaque* dans le langage ancien ; mais la première expression est tout aussi étrangère à l'ancienne langue juridique que la seconde à la nouvelle. Jamais, dans les sources récentes du droit, dans les lois comme dans l'édit, le patrimoine n'est appelé ou *familia* ou *familia pecuniaque* (2). »

Cependant quelques textes juridiques contiennent des renseignements très précieux ; ils seront étudiés.

L'étymologie, également très instructive, ne sera pas non plus laissée de côté.

Mais, nous l'avons dit, les fragments des Douze tables où se trouvent les mots *familia* et *pecunia*, sont relatifs à des institutions fondamentales de l'ancien droit. Suivant qu'on les interprète dans tel ou tel sens, ces deux mots donnent à la phrase une portée qui s'harmonise plus ou moins avec certains

(1) L. 195 D., *de Verb. signific.*, 50, 16.

(2) Ihering, *Entwickelungsgeschichte d. römisch. Rechts*, 1894, pp. 81 et ss.

principes généraux peu contestables de l'ancien droit. Ces principes peuvent donc, d'une manière indirecte mais très intéressante, conduire à la découverte de la signification exacte des mots *familia* et *pecunia*.

Tels sont nos éléments d'étude.

PLAN

Indiquons à présent dans quel ordre matériel
sont distribuées les différentes parties de ce travail.

Un premier chapitre a pour objet l'étude de quelques-unes des principales théories exposées jusqu'à
ce jour.

Encore une fois, notre dessein n'est pas d'exposer
tous les résultats des travaux que notre sujet a pu
inspirer. Cependant, nous ne devons pas les passer
tous complètement sous silence. D'ailleurs cette
partie de notre travail, loin de présenter un simple
intérêt d'exposition ou de curiosité, nous servira
d'abord à déblayer le terrain en écartant certaines
théories erronées avant d'arriver à l'étude directe de
notre sujet; et il nous fournira, de plus, maintes
occasions de poser des conclusions que nous retrou-
verons dans la suite et que nous pourrons alors in-
voquer par un simple rappel.

Cette première partie, de beaucoup la plus courte,
est presque tout entière consacrée à l'étude de la
théorie d'Ihering; incidemment nous aurons à citer

celle de Cuq. Cette dernière n'est, en général, qu'un développement de la première, en quelque sorte une vue prise à la loupe.

Nous parlerons ensuite, en très peu de mots et pour la réfuter, d'une théorie assez séduisante exposée dans le *Manuel élémentaire de droit romain* de M. Girard.

Nous laisserons complètement de côté les théories des auteurs qui se contentent de proposer quelques correctifs à la théorie d'Ihering et n'apportent à notre étude aucun élément fondamental nouveau.

Le second chapitre renferme l'étude directe de notre sujet.

Une première section est consacrée à la recherche du sens étymologique des mots *familia* et *pecunia*. L'étude des racines trouve naturellement sa place à la base d'un travail qui a pour but la réédification d'une théorie sur la portée d'une expression. Mais devant cette théorie, dont l'étymologie nous donnera la formule, se dressent immédiatement de graves objections de principes ; elles seront discutées dans une deuxième section.

Une troisième section, tendant comme la première à préciser l'exacte signification de nos deux mots, nous montrera si les textes confirment ou s'ils renversent la notion que l'étymologie nous aura précédemment fournie à titre provisoire et sauf contrôle. Malheureusement, ces textes sont peu nombreux.

Enfin une quatrième section, qui servira, nous
l'espérons, de couronnement à ces recherches, sera
la mise en application des résultats acquis. Mais
loin de constituer un simple rappel ou un nouvel
exposé plus ou moins heureux des théories courantes
sur les successions, la tutelle et la curatelle, cette
section montrera dans quelle harmonie notre théorie se combine et se fond avec les institutions et les
mœurs de l'ancienne Rome.

CHAPITRE PREMIER

DE LA THÉORIE D'IHERING

La théorie d'Ihering est la plus répandue, et non sans motifs. En effet, elle a été présentée par l'auteur sous un jour éminemment favorable. Ihering ne l'a jamais exposée d'une manière très complète, mais toujours incidemment. Il en parle pour la première fois, en termes nets et précis, dans son ouvrage sur l'*actio injuriarum* (1), à la fin de la note 28, où il pose

(1) Ihering, *Actio injuriarum*, trad. Meulenaere, note 28 : «... Cet état de choses nous explique toute une série de phénomènes particuliers du droit ancien. Ainsi, par exemple, l'existence de la *condictio furtiva* à côté de la *reivendicatio*, ce qui paraissait une énigme aux jurisconsultes romains eux-mêmes (Gaius, 4, 4). — Dans le droit ancien, le propriétaire se voyait réduit à la première pour les *res nec mancipi*, il n'avait aucune revendication... A ce dualisme de l'ancien droit de propriété se rattache aussi la distinction si peu appréciée jusqu'ici, entre *familia* et *pecunia*, distinction d'une importance immense dans le droit ancien, non seulement au point de vue de la propriété, mais encore au point de vue du droit de succession et de la tutelle. Le

le fondement de sa théorie et en fait entrevoir toutes les conséquences juridiques.

Dans la première partie de la note Ihering expose ses idées sur la différence de régime des *res mancipi* et des *res nec mancipi*, les premières étant seules susceptibles d'une véritable propriété, seules susceptibles de revendication. Par cette distinction fondamentale des biens, et de la manière la plus heureuse, l'auteur nous explique une série de solutions du vieux droit romain qui paraissaient mystérieuses même aux jurisconsultes romains de l'époque classique : à qui méconnaît cette distinction, il est impossible de comprendre certains détails de la théorie du vol (*condictio furtiva*), l'acquisition des fruits par le possesseur de bonne foi, etc... Cette première partie de la note 28 a obtenu le plein succès qu'elle méritait ; nous ne pouvons avoir la vaine prétention d'y porter la moindre atteinte.

curator n'a le droit de disposition que sur la *pecunia*, c'est-à-dire sur les *res nec mancipi* (disposition de la loi des Douze tables sur la *cura prodigi* ; le tutor avait ce droit sur la *familia* dans le sens étroit, c'est-à-dire sur les *res mancipi*, pour la femme seulement sur elle, pour les impubères aussi sur la *pecunia*). La règle des Douze tables portant que le père de famille pouvait disposer librement de la *pecunia*, n'avait dans le langage d'alors pour objet que les *res nec mancipi*. Ce n'est point par hasard que la loi emploie, à l'occasion de la succession *ab intestat*, le mot *familia*, tandis qu'il se sert ici du mot *pecunia*. »

Mais Ihering finit sa note par une remarque de la plus grande importance : il assimile la distinction de la *familia* et de la *pecunia* à celle des *res mancipi* et des *res nec mancipi*. Qu'on y prenne garde, cette assimilation est absolument gratuite et ne trouve pas sa justification dans le reste de l'ouvrage d'Ihering. Si, dès la publication de cet ouvrage, elle a pu être adoptée par d'autres jurisconsultes, cela tient à deux choses. D'abord, Ihering a mêlé à son exposition des vues et des rapprochements fort justes. L'exactitude de ces remarques porte naturellement le lecteur à accepter d'emblée et sans examen d'autres solutions qui se trouvent mêlées aux premières. C'est contre cette tendance naturelle, accentuée par l'autorité du nom d'Ihering, qu'il faut se prémunir quand on lit la note 28. A côté des conclusions aussi justes qu'originales qui excluent les *res nec mancipi* du domaine de la revendication, nous trouvons exposées des idées qui, à notre avis, sont fort sujettes à caution. Ihering se demande si les mots *familia* et *pecunia* avaient un sens précis et distinct au commencement du IVe siècle de la fondation de Rome, ou bien si les rédacteurs des douze tables employaient indifféremment et comme par hasard l'un ou l'autre de ces mots ou tous les deux ensemble. Cette dernière hypothèse n'est-elle pas invraisemblable ? La langue latine était-elle à cette époque aussi prolixe, aussi flottante ? Ihering affirme que non, et, à notre

avis, il a complètement raison. Il faut attribuer à
chacun des mots *familia* et *pecunia* une portée absolument distincte. Mais la détermination de cette portée, c'est une autre question. Aussi l'auteur dépasse-
t-il le but quand, de ce qui précède, il conclut implicitement que les mots *familia* et *pecunia* sont
synonymes de *res mancipi* et *res nec mancipi*. La
conclusion dépasse les prémisses.

On ne semble pas l'avoir remarqué. Pourquoi ?
Parce que l'auteur présente l'assimilation qu'il fait
comme une conséquence de sa théorie sur les *res
mancipi* et *nec mancipi*. Se servant de cette idée nouvelle comme d'une clef révélatrice, il nous dévoile
les ressorts ignorés des Romains eux-mêmes qui faisaient mouvoir autrefois des pièces d'un mécanisme
mal compris à l'époque classique. Mais malgré lui,
et dans son désir de pénétrer les plus anciens secrets,
plein de confiance dans son nouvel et précieux instrument, il veut l'appliquer à des objets pour lesquels il n'était pas fait. Cet écueil qu'Ihering n'a pas
su éviter se présente devant tous les novateurs. Aussi
a-t-on dit que les théories nouvelles sont généralement vraies en elles-mêmes, fausses dans les appli-
cations trop nombreuses que l'esprit de système en
veut tirer.

Cependant, il ne faudrait pas croire, évidemment,
qu'Ihering se fût ainsi laissé entraîner comme à
l'aveugle à sa théorie sur la *familia* et la *pecunia*.

— 13 —

A notre avis, sa théorie a deux fondements : l'un de
principe, l'autre d'étymologie.

C'est le fondement étymologique qui a été le plus
longuement exposé par Ihering ; nous l'étudierons
plus tard.

Quant à l'autre fondement, Ihering en parle dans
un ouvrage posthume, mais sans y insister beaucoup
(Entwickelungsgeschichte d. rœmisch. Rechts, 1894,
pp. 81 et ss. (1). L'idée est très simple. Si les mots *familia* et *pecunia* équivalent dans les Douze tables aux
mots *res mancipi* et *res nec mancipi*, il faut reconnaître que le législateur de l'an 304, U. C. (2) attache
relativement peu d'importance à cette dernière catégorie de choses. Ainsi, en matière de succession
ab intestat, il va jusqu'à s'occuper exclusivement des
res mancipi (*familia*) sans dire un mot de la dévolution
des *res nec mancipi* (*pecunia*). En effet, Ihering suppose, Cuq soutient (3) que les *res mancipi* (*familia*),
seules susceptibles de propriété, étaient seules aussi

(1) V. aussi l'*Esprit du droit romain*, trad. Meulenaere, t. II,
p. 160, où il est dit que les *res mancipi*, à la différence des *res
nec mancipi*, « sont d'une nécessité indispensable pour la famille ».

(2) Année de la promulgation des Douze tables.

(3) V. Cuq, notamment *Institutions juridiques des Romains*, vg. p. 92. Cuq prétend même que les *res mancipi*
étaient en principe inaliénables. V. vg. *Institutions juridiques
des Romains*, p. 297.

indispensables à la famille romaine ; quant aux *res nec mancipi* (*pecunia*), elles auraient constitué dans l'ensemble des biens le superflu.

Voilà le véritable fondement de la théorie d'Ihering développée par Cuq. Il suffit pour le moment de signaler le principe et sa fausseté. Nous aurons plus tard de nombreuses occasions de remarquer qu'il constitue vraiment la base de la théorie d'Ihering et de Cuq.

Nous avons dit que ce fondement est entièrement faux. Cependant, à force de répéter la formule, on finit quelquefois par s'habituer à cette idée que la *familia* comprend les choses indispensables à la *famille*. Peut-être cela n'est-il pas complètement étranger à une ressemblance de mots qui imprime cette affirmation dans la mémoire comme un axiome. En tous cas, ce principe ne trouve un fondement sérieux ni dans les textes juridiques, ni dans le régime social et économique de l'ancienne Rome.

A ce dernier point de vue, il semble bien facile de démontrer que les *res mancipi* ne sont pas toutes indispensables à la famille, que certaines *res nec mancipi* peuvent l'être au contraire.

En elle-même, d'ailleurs, et *à priori* une pareille répartition des éléments de la richesse n'est-elle pas invraisemblable et en contradiction manifeste avec les principes les plus élémentaires de l'économie politique ? Les anciens Romains n'avaient pas encore d'économistes pour faire la distinction artificielle du superflu et du nécessaire. On l'a dit bien souvent, le superflu pour l'un est nécessaire pour l'autre. Dans tous les cas, on a tort de vouloir expliquer, avec une apparence de logique, certaines particularités de l'ancien droit par des distinctions purement théoriques comme celle que nous venons de rappeler. Les Romains ont construit leur édifice juridique au jour le jour, à mesure que de nouveaux besoins se faisaient sentir ; plus tard seulement les jurisconsultes sont venus expliquer les institutions juridiques, apparemment pour les justifier, en réalité pour guider leur évolution future ; aussi ne se montraient-ils pas trop rigoureux dans leurs justifications. Aujourd'hui, tenons-nous en à cette sage réserve. Il ne faut pas donner à toute institution une explication rationnelle, ou bien « le raisonnement en bannit la raison. »

Maintenant, si nous examinons de près la prétendue distinction (1) des *res mancipi* (*familia*), considérées comme élément essentiel du patrimoine, et des *res nec mancipi* (*pecunia*), envisagées comme

---

(1) Cette distinction se rattache à la théorie très contestable, mais admise par Cuq, de la copropriété *gentilice*, qui aurait eu pour objet les *res mancipi* (*familia*), tandis que les *res nec mancipi* (*pecunia*) auraient formé la fortune individuelle, comme le pécule. Mais le pécule comprend indistinctement toutes espèces de biens.

superflues, nous voyons qu'elle se trouve contredite par les faits.

a) Elle l'est d'abord quant à son premier terme. Ainsi, les bêtes de somme ou de trait appartiennent à la catégorie des choses *mancipi*. Gaius nous dit seulement que les jurisconsultes de son époque discutaient pour savoir s'il fallait que ces animaux fussent domptés ou s'il suffisait qu'ils pussent l'être d'après l'espèce à laquelle ils appartenaient (1). Mais cette dernière solution, qui a triomphé, n'était certainement pas la solution primitive. Cela résulte d'abord du mot *dominium*, qui signifie « le droit de propriété quiritaire », et qui dérive de *dominare*, dompter; mais cela ressort aussi d'une évolution naturelle imprimée par les besoins journaliers de la vie juridique, qui devaient, nous le verrons, amener l'extension du droit de propriété à un nombre d'objets de plus en plus considérable. Par conséquent, les animaux domptés faisaient seuls parties de la *familia*, parce que, suivant le principe d'Ihering, ils étaient seuls indispensables aux besoins de la famille romaine.

Mais une pareille thèse paraît insoutenable. Les Romains ont passé par la phase pastorale, avant d'arriver à la phase de l'agriculture. Mais la transition s'est faite d'une manière insensible. Il paraîtrait

(1) Gaius, *Commentaires*, 2, 15.

étrange que les animaux qui paissent en troupeaux, autrefois la seule grande richesse, eussent perdu presque toute leur valeur quand leurs maîtres se furent livrés au travail de la terre. Les troupeaux ne sont-ils pas restés alors aussi indispensables que les bêtes de somme ou de trait? Faut-il croire que le jour où un bœuf était attelé, il passait de la catégorie des choses superflues dans celle des choses indispensables? Sans aucun doute, les Romains connaissaient communément le mode de dressage de ces animaux; le dressage ne pouvait, par conséquent, changer complètement leur valeur.

La preuve de la valeur réelle et importante des moutons et des bœufs qui paissent en troupeaux résulte non seulement des besoins quotidiens de la bouche, mais aussi d'une particularité bien connue. Les premières pièces de monnaie, à Rome comme dans beaucoup d'autres pays, portaient l'empreinte d'une tête de bœuf ou de mouton : cela prouve d'une manière frappante qu'à cette époque le métal, en entrant dans le commerce comme instrument d'échange accepté par tous, y prenait la place des moutons et des bœufs, objets de circulation trop difficile.

Dans son chapitre premier, la loi *Aquilia* punit l'auteur de la mort de certains animaux domestiques. Elle ne parle pas de tous les animaux domestiques, mais sa protection s'étend évidemment aux plus précieux d'entre eux. Or, il n'y est pas seulement question des animaux « quæ collo dorsove domantur », mais aussi des porcs et d'autres quadrupèdes appartenant à la catégorie des *res nec mancipi*. La loi n'établit aucune classification entre ces animaux. C'est évidemment qu'il n'existait pas entre la valeur de ceux qui étaient *res mancipi* et celle des autres, l'abîme dont Ihering et Cuq supposent l'existence. Et ce qui fait la force de cet argument, c'est l'ancienneté de la loi *Aquilia*. On ne connaît pas sa date, mais on sait qu'elle est fort ancienne. Ainsi, son chapitre deuxième prouve qu'elle est antérieure à la création de l'action de mandat (1). D'autre part, l'*actio legis Aquiliæ*, comme l'*actio furti*, était de droit civil, elle a été instituée au profit des seuls citoyens romains. Au contraire, le bénéfice de l'*actio injuriarum* ou de l'*actio vi bonorum raptorum* a été immédiatement accordé aux étrangers : ces dernières actions, quoique anciennes, semblent donc postérieures à la loi *Aquilia*. Enfin, les délits punis par cette loi présentent un caractère d'archaïsme des plus accentués. Par conséquent, à une époque relativement rapprochée de celle des Douze tables, les Romains ignoraient la prétendue différence de valeur économique, qui aurait séparé si profondément les *res mancipi* des *res nec mancipi*.

(1) V. Girard, *Manuel élémentaire de droit romain*, 2ᵉ édition, p. 404, note 2.

Il est à remarquer qu'Ihering, dans son ouvrage sur les *Indo-Européens avant l'histoire,* n'a pas parlé de la restriction de la propriété quiritaire aux seuls animaux de somme ou de trait. Dans cet ouvrage, où il s'efforce d'expliquer tant de choses, il aurait pu, non sans vraisemblance, la rattacher aux besoins très particuliers des peuples émigrants qui devaient attribuer aux bêtes de somme ou de trait une valeur tout à fait exceptionnelle. Pour des peuples émigrants, les moyens de transport sont absolument essentiels ; or, on n'a guère le temps de dresser dans ce but les animaux pendant les périodes de migration. Cette explication ne manque pas d'attraits. Cependant, est-elle suffisante ? On peut trouver tellement de choses dans un passé en grande partie inconnu, qu'il faut y puiser avec une extrême réserve ; presque tout y est incertain.

Des développements qui précèdent, retenons seulement ceci : les animaux « quæ collo dorsove domantur » ne sont pas indispensables à la famille romaine. Leur valeur ne diffère pas essentiellement de celle des autres animaux.

Quant aux esclaves, à une certaine époque ils devinrent un élément de richesses très important ; mais dans l'ancienne Rome, c'est autre chose. Certaines institutions suppléaient sans doute à l'insuffisance de l'esclavage, par exemple l'acquisition des fils de famille en *mancipium.* Ce qu'il y a de certain, c'est que « les rapports qui se formaient entre maître et esclave, étaient d'autant plus étroits que les esclaves étaient peu nombreux à Rome, dans les premiers siècles ». « On n'en trouvait que dans les familles riches, et, s'il fallait en croire Pline, il n'y en avait pas plus d'un de chaque sexe (1). » Après cela comment Cuq peut-il soutenir que les esclaves constituaient un élément essentiel du patrimoine et non pas le superflu ?

Quant aux immeubles, on peut les considérer sans doute comme indispensables à la société de l'ancienne Rome, non seulement à raison du culte domestique et de l'ensevelissement des morts, mais aussi pour les besoins matériels de chaque jour ; car à l'époque qui nous occupe, les Romains étaient agriculteurs. Mais précisément, c'est pour les immeubles que les mots désignant la propriété (*mancipium, dominium*) conviennent le moins bien. Les formes de la mancipation et de la revendication paraissent, elles aussi, n'avoir été étendues aux immeubles qu'après coup. Car dans la mancipation, l'acquéreur devait tenir à la main la chose dont on lui transférait la propriété ; dans la revendication les deux plaideurs tenaient en même temps l'objet litigieux jusqu'à ce que le magistrat leur eût commandé de le lâcher. Pour soumettre les immeubles à ces

(1) Cuq, *Institutions juridiques des Romains*, p. 167.

formalités, sans doute préexistantes, Gaius nous apprend qu'on fut obligé d'user de véritables subterfuges (1).

Ainsi, parmi les *res mancipi*, celles qui semblent le plus indispensables à la famille, c'est-à-dire les immeubles, paraissent n'avoir été comprises dans cette catégorie qu'après coup, un certain temps après les esclaves et les animaux. Cela prouve, et nous reviendrons sur cette idée, que si la distinction de la *familia* et de la *pecunia* a une origine naturelle intimement liée au régime social de l'ancienne Rome, celle des *res mancipi* et des *res nec mancipi* a une origine plutôt accidentelle ; le *dominium ex jure quiritium*, admis dans des circonstances et pour des raisons toutes spéciales, a vu ses effets et sa sphère d'application s'étendre à mesure que les besoins s'en faisaient sentir.

Ihering pense, au contraire, que la première distinction est la même que la seconde, mais considérée, là au point de vue de son origine, ici au point de vue de ses conséquences juridiques. Ce parallélisme très savant n'est pas romain.

b) Si beaucoup de *res mancipi* ne sont pas indispensables à la famille, souvent le contraire est vrai des *res nec mancipi*.

Certaines choses sont assurément de très bonne

(1) Gaius, *Commentaires*, 1, 121 ; 4, 17.

heure devenues susceptibles d'appropriation privée, bien avant les animaux de trait ou de somme et les esclaves : ce sont, par exemple, les armes, le produit de la chasse, les vêtements, dépouilles du gros gibier. L'appropriation de ces derniers objets semble, en effet, avoir été admise chez tous les peuples, dès les temps les plus reculés. Mais à Rome, à l'époque où nous nous plaçons, beaucoup d'autres choses paraissent de première utilité. D'abord, il en est ainsi des troupeaux, peut-être plus que des animaux de trait ou de somme ; mais on peut en dire autant des ustensiles aratoires, en admettant même qu'ils fussent d'une fabrication primitive et grossière. Citons enfin les produits des récoltes faites tous les deux ans sur chaque fonds. Tous ces objets, dont il est impossible de méconnaître le prix et l'utilité, appartiennent à cette catégorie de choses considérées par Ihering comme superflues.

De cette distinction économique présentée comme capitale, par laquelle on voulait expliquer les différences de régime juridique des *res mancipi* et des *res nec mancipi*, il ne reste donc rien après l'examen des faits.

Or, nous l'avons dit et nous le remarquerons plus tard à maintes reprises, en dehors de l'étude étymologique, l'assimilation des *res mancipi* à la *familia* et des *res nec mancipi* à la *pecunia* n'a pas d'autre fondement que la distinction que nous venons de rejeter.

Cependant si cette assimilation a eu l'insigne honneur et la bonne fortune d'être formulée par Ihering, puis reprise et développée par Cuq, au moins doit-elle présenter une apparence de vérité. C'est qu'en effet, nous l'avons déjà vu, Ihering a exposé les éléments de sa théorie sous son jour le plus favorable : d'une manière incidente, et après avoir révélé la portée exacte de la distinction des *res mancipi* et des *res nec mancipi*, les premières de ces choses étant seules susceptibles d'un véritable droit de propriété. Puisque celles-ci ont joui longtemps d'un privilège aussi considérable, cela ne tient-il pas à ce qu'à cette époque les *res mancipi* méritaient une attention toute spéciale de la part du législateur? n'est-ce pas que leur importance réclamait une protection exceptionnelle ?

Encore sur ce point il faut répondre négativement.

Evidemment, les *res nec mancipi* jouissaient d'une moins large protection. Mais (1), il est facile de le montrer sans entrer dans de grands détails, les actions *furti* et *ad exhibendum*, applicables sans distinction à toute espèce de choses, aboutissaient dans la plupart des cas, pour les *res nec mancipi*, aux mêmes résultats que l'action en revendication (sauf la question du *quantum* de la condamnation).

(1) Ce que nous avons dit de la loi *Aquilia* pourrait trouver ici sa place. V. p. 17.

D'abord on sait que les Romains se montraient fort larges dans l'interprétation du mot *furtum*, ou *contrectatio rei alienæ* (1) : il y avait vol dans certains cas où ce délit n'existerait pas aujourd'hui en France. L'*actio furti*, applicable au cas de vol des *res nec mancipi*, remplaçait donc, dans une large mesure, pour cette catégorie de choses, l'action en revendication.

Sans doute, si le voleur mourait avant toute poursuite, ses héritiers se trouvaient à l'abri de l'action pénale. Mais encore dans ce cas, la victime du vol n'était pas complètement désarmée. Son droit, fortifié par la règle qui interdisait l'usucapion des choses volées (2), avait encore une sanction : la *condictio furtiva*, dont on ne peut guère expliquer autrement l'existence. Enfin, si le voleur avait eu des complices ou des receleurs, ceux-ci étaient menacés de l'*actio furti*, et la victime pouvait se dédommager sur eux de la disparition du principal délinquant.

Enfin, une autre action, applicable même aux *res nec mancipi*, l'*actio ad exhibendum*, remplaçait aussi dans une très large mesure la revendication.

« C'était là précisément, dit Ihering, le vrai moyen

(1) V. Girard, *Manuel élémentaire de droit romain,* 2ᵉ édition, p. 393.

(2) D'ailleurs, les *res nec mancipi* n'étaient pas susceptibles d'usucapion, à l'origine.

de recours contre la rétention sans fondement de la chose d'autrui. Dans le droit le plus ancien, c'était là, à mon avis, la destination exclusive de cette action. »

D'ailleurs, aujourd'hui la revendication nous apparaît avec un caractère beaucoup plus spécial que dans l'ancienne Rome. Elle permet en effet au demandeur de recouvrer la chose même sur laquelle il a démontré son droit de propriété. Mais à Rome, toute action aboutissait à une condamnation pécuniaire, du moins avant la création des formules arbitraires. Bien plus, à l'origine, la procédure des actions civiles avait pour fondement une prestation de serment faite par chacune des parties. Le demandeur et le défendeur affirmaient tous deux leur droit par serment : d'où cette conséquence que l'un ou l'autre était forcément parjure. Le parjure méritait une peine, une amende qui profitait aux pontifes. C'est alors seulement que sur ce premier procès s'en greffait un second, lequel tendait à attribuer au demandeur, s'il avait gagné sur l'action pénale, l'évaluation de l'objet réclamé.

Ainsi la propriété des *res nec mancipi* n'était pas sans protection. Suivant Ihering, le mot propriété manque peut-être d'exactitude ; mais peu importe : le nom ne fait rien à l'affaire. Si l'individu qui prenait un voleur à lui dérober nuitamment un vase d'argent ou tout autre *res nec mancipi,* avait la faculté légale de le mettre à mort, cette faculté trouvait sa base dans un désir de vengeance ; mais ce désir lui-même avait-il un autre motif que la violation d'un droit tout aussi précieux que la propriété? Au point de vue pénal, la propriété des *res mancipi* ne jouissait pas d'une protection plus énergique que celle des *res nec mancipi*. Or, le droit pénal a partout précédé le droit civil (1).

Alors, comment se fait-il que les *res mancipi* seules puissent être revendiquées? La revendication permet au propriétaire de faire valoir son droit contre tout détenteur, même de bonne foi. D'où vient que certaines catégories de choses ont obtenu, dans les institutions civiles, une place privilégiée qui ne leur appartenait pas dans les institutions pénales?

La réponse comporte deux parties : l'une certaine. l'autre fort douteuse.

α) Ce qu'il y a de certain à notre avis (et sur ce point nous abandonnons complètement Ihering), c'est que la théorie des *res mancipi* a une origine accidentelle.

Nous en trouvons la preuve dans ce fait que les *res mancipi* comprennent certaines choses de valeur peu ou non supérieure à celle des *res nec mancipi*, et qui ne sont pas plus indispensables à la famille que ces dernières.

(1) V. par exemple Garraud, *Précis de droit criminel*, 4° éd., pp. 7 et 14 et s.

Quant aux immeubles, ils avaient sans doute à
cette époque une importance capitale. Mais, précisément, la théorie de la propriété quiritaire avec la
mancipation et l'*in jure cessio* comme modes d'aliénation, avec la revendication comme sanction, ne
s'est pas tout d'abord appliquée aux immeubles.
Parmi les formalités caractéristiques de ces institutions, il y en a qui ne conviennent parfaitement
qu'à l'hypothèse d'une chose susceptible d'être tenue
dans la main (*rem tenens* (1), pour la mancipation ;
— *mittite ambo hominem* (2), pour la revendication).
Les pontifes tournèrent ces difficultés quand ils
étendirent aux immeubles la théorie de la propriété
quiritaire ; mais les procédés qu'ils employèrent ont
un caractère très marqué de simples subterfuges.
Ainsi, en ce qui concerne la mancipation, l'acquéreur ne pouvant pas tenir dans sa main le champ
qui lui était transmis fut dispensé de cette formalité ; pour les autres objets, cependant, cette procédure était essentielle, nous dit Gaius ; c'est elle qui
a donné son nom à l'institution (*rem manu ca-
pere*) (3). Elle présentait même une très grande
utilité, car elle fixait l'attention des témoins sur
l'objet de la mancipation, et donnait à leur témoi-

(1) Gaius, *Commentaires*, 1, 121, *in fine*.
(2) *Id.*, 4, 16.
(3) *Id.*, 1, 121, *Quia manu res capitur*.

gnage, le cas échéant, une plus grande garantie.

La procédure de l'action en revendication convenait parfaitement aux objets mobiliers; mais s'il s'agissait d'un champ, par exemple, le magistrat et les parties se transportaient sur les lieux litigieux. Seulement, ce procédé, qui présentait l'avantage de la présence de l'objet revendiqué, se heurtait à de graves difficultés; le champ pouvait se trouver fort éloigné et le magistrat n'avait pas toujours le loisir de s'y rendre. Il fallut forcément tourner l'obstacle. On le fit en apportant devant le magistrat un fragment de l'immeuble litigieux, une motte de terre s'il s'agissait d'un champ. Ce transport ne constituait plus alors qu'une pure formalité absolument inutile, presque ridicule, puisque toutes les mottes de terre se ressemblent.

Quant à l'*in jure cessio*, ce n'était à l'origine qu'un commencement fictif d'action en revendication (1).

Ainsi la mancipation, l'*in jure cessio* et la revendication, qui fonctionnent très bien quand il s'agit d'un bœuf ou d'un esclave, ont leur mécanisme faussé quand on les applique à un immeuble. Par conséquent on n'a fait rentrer qu'après coup les immeubles dans la catégorie des *res mancipi*, au bout d'un temps plus ou moins long. D'ailleurs l'innovation se

____

(1) Elle jouait dans une certaine mesure le rôle de ce qu'on appelle aujourd'hui un **jugement d'expédient**.

justifiait suffisamment par l'importance de la propriété foncière.

Un détail très curieux démontre bien que le régime des *res mancipi* a une origine purement accidentelle. Parmi les animaux, les bêtes de somme ou de trait font seules partie de la catégorie des *res mancipi*. Evidemment, les institutions qui lui sont propres ont été créées dans des circonstances où ces animaux avaient une valeur et une importance toutes spéciales.

C'est dans la recherche de ces circonstances particulières que l'on peut construire beaucoup d'hypothèses plus ou moins vraisemblables, mais dont aucune ne présente une grande certitude.

β) A notre avis, il faut reconnaître dans le cours d'une expédition guerrière les besoins spéciaux qui ont donné naissance au régime, d'abord très exceptionnel, des *res mancipi*.

Gaius nous dit, sans plus d'explications, que les anciens Romains considéraient la guerre comme le premier fondement et la principale source du droit de propriété : « maxime sua esse credebant quæ ex hostibus cœpissent » (*Commentaires*, 4, 16). D'après les jurisconsultes romains, l'*occupatio bellica* était le plus important des modes originaires d'acquérir la propriété (1). Ne peut-on pas faire un pas de plus et

(1) L'explication qu'en donne Ihering (l'*Esprit du droit romain*, trad. Meulenaere, t. I, pp. 110 et s.) paraît insuffisante.

dire qu'elle est l'origine même de la propriété quiritaire?

Ainsi s'expliquerait l'importance capitale que lui attribuaient les anciens Romains, et que les jurisconsultes postérieurs ont rappelée sans pouvoir la justifier (1).

(1) *Institutes* de Justinien, 1, 3, 3 : « Servi autem ex eo appellati sunt, quod imperatores captivos vendere jubent ac per hoc servare nec occidere solent. Qui etiam mancipia dicti sunt, quod ab hostibus manu capiuntur ». En elle-même l'expression *res mancipi* évoque l'idée d'une chose qui peut se prendre à la main, rien de plus. Pourtant, Justinien cherche l'origine de cette expression dans la prise du butin sur l'ennemi pendant le cours d'une guerre. Son explication ne vaut rien, car des *res nec mancipi* l'on peut dire avec au moins autant de raison, que *ab hostibus manu capiuntur*. Cependant ce texte contient en germe une idée juste que voici : le régime juridique des *res mancipi* a sa source dans certains usages de la vie des camps, c'est là qu'il faut chercher son origine. Mais Justinien va plus loin, il prétend que les *res mancipi* sont ainsi appelées *quod ab hostibus manu capiuntur*. Encore une fois, ces mots contiennent une erreur presque évidente. On ne peut attribuer cette erreur qu'à Justinien. Quant à l'idée juste que nous avons signalée, elle appartient certainement aux jurisconsultes classiques dont les ouvrages ont fourni aux rédacteurs des *Institutes* leur principal matériel juridique. La manière malheureuse dont ces derniers ont interprété cette idée ne laisse aucun doute sur ce point. On peut donc dire que d'après les jurisconsultes classiques eux-mêmes, il faut chercher dans certaines circonstances d'une expédition guerrière l'origine du régime juridique des *res mancipi*.

Denys d'Halicarnasse nous apprend comment s'opérait la répartition du butin après une bataille. On en faisait deux masses : d'un côté, les choses abandonnées aux soldats, de l'autre celles qui appartenaient au peuple romain. Parmi ces dernières, l'historien cite les esclaves, les immeubles. Peut-être faut-il ajouter les bêtes de somme ou de trait. Cette addition n'est pas dénuée de fondement. Qu'on le remarque, en effet, si certains objets ne sont pas abandonnés aux soldats, cela tient sans doute au prix de ces objets, aux ressources importantes que procurait au trésor public leur vente aux enchères. Pour les immeubles, cela se conçoit sans peine, on devait leur attribuer une grande valeur soit après la guerre, soit pendant sa durée en prévision de la paix. Pour les esclaves, ils devaient, eux aussi, atteindre un prix assez élevé, surtout pendant le cours de l'expédition : les durs travaux et la vie pénible des camps faisaient sans doute particulièrement apprécier les services de toute nature que l'on pouvait réclamer des esclaves. Quant aux animaux « quæ collo dorsove domantur », ils sont particulièrement précieux pendant le cours d'une campagne.

Cela est encore vrai de nos jours, mais l'était bien davantage à l'époque à laquelle nous nous plaçons, chaque guerrier devant sans doute pourvoir non seulement à l'entretien de sa monture, s'il faisait partie de la cavalerie, mais aussi au transport de tout ce qui lui était nécessaire. Au contraire, les autres animaux étaient infiniment moins précieux en pareille circonstance.

Si l'on se permet de compléter de cette manière assez vraisemblable le récit de Denys d'Halicarnasse, on peut se rendre compte de l'origine de la théorie des *res mancipi*. Ces objets étaient mis aux enchères après la bataille. La vente se faisait au milieu d'une foule de guerriers. Ceux-ci achetaient, naturellement, les *res mancipi* avec la part de butin qui leur avait été abandonnée : des armes, des bijoux, etc... Ces objets, *res nec mancipi,* étaient pesés dans une balance d'airain par les soins d'un *libripens*, qui avait alors un caractère sacerdotal. A mesure qu'un esclave ou un bœuf était adjugé, l'adjudicataire en prenait possession et le mettait sous la protection de sa lance.

Si, plus tard, des difficultés s'élevaient sur la propriété de cet esclave ou de ce bœuf, le propriétaire demandait à quelques guerriers, qui avaient assisté aux enchères, de témoigner qu'il en était réellement resté adjudicataire. Lorsqu'un guerrier, Aulus Agerius, voulait transmettre son esclave à Numerius Negidius, il laissait celui-ci appréhender l'esclave et affirmer devant témoins que c'était lui, Numerius Negidius, qui était resté adjudicataire de l'esclave ; et contre une pareille affirmation faite solennellement en présence des témoins et du *libripens*, l'aliénateur ne formulait aucune protestation. Tout devait se passer comme si l'acquéreur avait été propriétaire *ab initio*. En fait et suivant l'intention des parties, il y avait non pas la reconnaissance et l'aveu du droit d'un tiers (c'est là qu'existait la fiction), non pas même une vente fictive ou réelle, mais un véritable mode d'aliénation, une *mancipatio* (1).

L'*in jure cessio* conduisait au même résultat par la fiction d'un procès au cours duquel l'aliénateur reconnaissait le bien fondé de la réclamation de l'acquéreur.

Quant à la revendication, elle trouvait aussi son fondement dans l'affirmation du droit de propriété quiritaire; seulement cette affirmation faite avec serment par les deux parties donnait naissance à un procès pénal sur la question de savoir quelle était celle des parties dont le *sacramentum* n'était pas *justum*. Celle-ci se voyait condamner à une amende. Et si c'était le défendeur qui succombait, il était condamné, par une procédure accessoire à l'origine, devenue ensuite la

(1) Si on laisse de côté l'*in jure cessio* et l'usucapion, dont l'usage était moins fréquent, on peut dire, pour les *res mancipi* comme pour les *res nec mancipi*, que les modes dérivés d'acquisition de la propriété sont calqués sur les modes originaires. L'opération ne diffère que par l'intervention, plus ou moins active, de l'aliénateur dans les modes d'acquisition dérivés (*mancipatio, traditio*).

principale, à payer au revendiquant l'estimation de l'objet litigieux.

Ces institutions fonctionnèrent d'abord d'une manière plus ou moins rigoureuse pendant la durée d'une guerre, plutôt en ce qui concerne les esclaves et les bêtes de somme ou de trait parce que le besoin s'en faisait davantage sentir. Leurs règles furent ensuite appliquées et précisées en temps de paix (1), puis étendues aux immeubles.

Cela va de soi, il est impossible de décrire exactement les différentes phases de cette évolution ; mais elle n'en reste pas moins très vraisemblable dans les grandes lignes. Si l'on en fait abstraction, il devient difficile d'expliquer pourquoi les immeubles ont été soumis à un régime qui ne paraît pas fait pour eux. Alors, il est presque impossible d'imaginer pour quelle raison les bêtes de somme ou de trait furent

(1) Le régime des *res mancipi* n'est peut-être pas la seule ancienne institution d'origine guerrière. Il serait permis de soutenir que le testament *in procinctu* est le testament originaire. Il est en effet assez vraisemblable que le désir de tester prit naissance la veille d'une bataille. Les dispositions de dernière volonté proclamées dans ces circonstances comme un solennel adieu aux vivants répondait assez bien à ce fier mépris de la vie dont les anciens Romains aimaient à se faire gloire, s'il faut en croire les historiens. Le testament *calatis comitiis* serait alors le résultat d'une transformation du testament *in procinctu*, d'une accommodation pour le temps de paix.

comprises parmi les *res mancipi*, à la différence de beaucoup d'autres objets aussi indispensables. Alors enfin, l'on ne peut pas se rendre compte de l'origine et de la portée qu'il faut attribuer à certains détails caractéristiques du régime juridique des *res mancipi*.

Sans entrer dans de grands développements, remarquons que la lance intervient dans la procédure du *sacramentum :* les parties simulent une de ces luttes qui devaient suivre souvent les discussions entre guerriers; elles ont à la main un bâton, qui représente la lance, nous dit Gaius. Une lance accompagne toujours le tribunal des centumvirs. On en retrouve des traces dans l'affranchissement par la vindicte, etc... Pourquoi toujours cette lance, sinon parce que les institutions que nous venons de rappeler ont pris naissance au milieu des camps?

De même on cherche généralement à expliquer les formalités singulières de la mancipation en considérant cet acte comme une vente fictive qui aurait commencé par être une vente réelle. Cela paraît inexact. L'acquéreur seul intervient activement, et son intervention se borne à une affirmation solennelle devant témoins.

Il dit que tel esclave lui appartient; et cela non pas parce qu'il l'acquiert, mais parce qu'il l'a acheté par le lingot de métal et par la balance du *libripens* ;

il parle au passé (1). Les parties feignent que l'objet ait toujours appartenu à l'acquéreur depuis qu'il l'a acheté aux enchères : cela résulte des paroles prononcées, de l'aveu tacite de l'aliénateur, et de la présence des témoins et du *libripens*. En même temps qu'il prononce les paroles solennelles, l'acquéreur frappe la balance avec un lingot de cuivre ou d'airain. Ihering dit que c'était, à l'origine, pour permettre de vérifier la pureté du lingot par le son qu'il rendait (2), mais, pour le dire en passant, cette explication paraît plus que douteuse. Il n'y a même pas besoin d'en faire l'expérience pour remarquer que, si l'on frappe une balance d'airain avec un lingot de métal brut, ce lingot ne rendra aucun son distinct ; au contraire, la balance, quelle que soit exactement sa forme, étant dans tous les cas en métal ouvré, raisonnera en faisant cymbale. Il paraît préférable d'expliquer cette formalité comme un souvenir de ce qui se passait dans les ventes aux enchères publiques. Peut-être les enchérisseurs misaient-ils en frappant la balance avec le lingot représentant le prix offert, comme aujourd'hui l'on mise souvent d'un signe (3).

(1) Gaius, *Commentaires*, I, 119 et ss. L'emploi du passé est significatif. Voir v. g. dans la formule de la *manus injectio* (G. *Com.*, 4, 21).

(2) Ihering, *Esprit du droit romain*, 3, p. 222.

(3) Du temps de Cicéron, il était d'usage de miser en levant le doigt : Verres, act. 2, liv. 1, 54 ; *digitum tollit*.

Voilà en peu de mots comment il semble permis d'expliquer l'origine de la théorie des *res mancipi*. Sans doute, ces développements ne sont pas d'une exactitude rigoureuse ; mais ils prouvent, dans tous les cas, que l'on peut concevoir telles circonstances de nature à donner naissance à la théorie des *res mancipi*.

Une chose du moins doit être considérée comme certaine d'après ce qui précède : c'est que la distinction des *res mancipi* et des *res nec mancipi* n'a rien de commun avec celle de la *familia* et de la *pecunia*. La première a une origine accidentelle ; d'une portée d'abord restreinte et toute spéciale, elle s'est développée après coup, au fur et à mesure des nouveaux besoins de la vie juridique. La seconde, au contraire, nous le verrons, a ses racines dans les bases fondamentales de l'organisation sociale de l'ancienne Rome.

Le principe même de la théorie d'Ihering se trouve ainsi rejeté.

Dans une étude critique de cette théorie, il resterait encore bien des points à examiner, notamment sa conciliation avec les textes, et les difficultés d'application auxquelles elle peut donner naissance (1). Mais cette étude n'entre pas dans notre sujet. Si les développements qui précèdent y ont trouvé leur

______

(1) Nous en dirons plus tard incidemment quelques mots.

place, c'est non seulement à cause de l'importance de la théorie d'Ihering, et de la faveur exceptionnelle dont elle jouit, mais aussi parce que ces développements ont permis de déblayer le terrain et de laisser de côté certains principes gros de conséquences en cette matière, par exemple relativement à l'importance respective des *res mancipi* et des *res nec mancipi* ou à l'origine de cette distinction.

Dès lors nous pourrions immédiatement aborder, pour notre propre compte, l'étude de la *familia* et de la *pecunia*.

APPENDICE AU CHAPITRE Iᵉʳ

THÉORIES AUTRES QUE CELLE D'IHERING

Cependant, après les développements qui précèdent sur la théorie d'Ihering, il y a lieu de rappeler que cette théorie n'est pas la seule ; certains auteurs sont venus y apporter quelques correctifs jugés par eux indispensables, imposés par les textes (1). Nous ne nous y arrêtons pas, parce qu'ils n'apportent sur notre sujet aucun principe vraiment nouveau.

Mais il faut tout au moins citer ici une doctrine exposée par M. Girard, parce qu'elle a des apparences de nouveauté. L'auteur reconnaît qu'il est impossible de soutenir la théorie d'Ihering, car elle est contredite par les textes et conduit à des conséquences inadmisibles (V. Girard, *Manuel élémentaire de dr. romain*, 2ᵉ éd. p. 218, nº 3). Ainsi, les textes nous apprennent que le curateur du fou peut aliéner les

(1) Ex. : Pierron. « Du sens des mots *familia pecuniaque* dans l'ancien droit romain ». *Revue historique*, 1895, p. 385. L'ouvrage d'Ihering sur l'*actio injuriarum* est de 1888.

res mancipi; or, Ihering est forcé d'admettre le contraire en faisant du mot *pecunia* le synonyme de *res nec mancipi* (1). Quelle conclusion en tire M. Girard ? Simplement que le système d'Ihering a été vrai dans un temps reculé, mais qu'à l'époque des Douze tables, les mots *familia* et *pecunia* sont employés indifféremment pour désigner soit les *res mancipi*, soit les *res nec mancipi*, c'est-à-dire des éléments quelconques du patrimoine.

Ce n'est qu'en désespoir de cause que l'on arrive à déclarer que ces deux mots sont absolument synonymes ; si la portée que Ihering attribue à chacun d'eux n'est pas admissible, s'en suit-il qu'ils n'aient pas de sens précis et distinct.

A l'époque de la rédaction des Douze tables, quand la langue latine était évidemment pauvre, loin d'être surabondante, le législateur prodiguait-il ainsi les synonymes ? Il ne gardait pas toujours un style concis, il entrait volontiers dans certains détails d'application, et ne craignait pas de mettre les points sur les I ; mais je ne crois pas qu'il se plut à accumuler les synonymes pour désigner plusieurs fois la même chose. On a dit que c'était pour finir une période, qu'il ajoutait au mot *familia* les mots *pecuniaque*. En réalité, il ne semble pas s'être beaucoup préoccupé d'arrondir ses périodes. Encore si nous trou

(1) En effet, les pouvoirs du curateur ne portent que sur la *pecunia.*

vions tantôt le mot *familia* seul, tantôt les mots *familia pecuniaque*, l'opinion de M. Girard paraîtrait, à la
rigueur, admissible (1) ; mais les textes contenant ici
le mot *familia* tout seul, là le mot *pecunia* tout seul,
ailleurs tous les deux réunis (2), peut-on soutenir que
ces expressions aient absolument le même sens ?
Dans ce cas, elles auraient suivi une bizarre évolution. Car autrefois elles avaient certainement des
sens différents, et M. Girard le suppose bien quand il
dit que « la vieille langue juridique emploie *déjà*
indifféremment les deux mots *familia* et *pecunia* ».
(V. Girard, *eod. loco*). D'autre part, à l'époque classique, *pecunia* signifie : éléments quelconques du
patrimoine considérés en tant que richesse ; *familia*
a des acceptions très variées mais bien différentes.
Par conséquent, la signification de ces deux mots,
d'abord distincte, se serait ensuite confondue à l'époque des Douze tables, pour finalement se séparer à
nouveau.

A l'origine, les mots ont un sens matériel plutôt
qu'abstrait. Voilà pourquoi ils paraissent dans la
suite imagés. Quand les générations successives se
sont accoutumées à raisonner sur des abstractions,
les vieilles expressions semblent poétiques, tandis

(1) Car alors l'intervention du mot *pecunia* s'expliquerait du
moins par le besoin de cadencer et arrondir une période.

(2) V. Girard, *Manuel élémentaire de droit romain*, 2e éd.,
p. 243, note 3.

qu'elles étaient simplement réalistes. Cela est vrai,
nous le verrons, des mots qui nous occupent. Or, si
deux termes abstraits peuvent être à peu près synonymes, cela se conçoit plus difficilement pour deux
mots désignant des objets matériels (1).

A la théorie que nous venons de citer, il faut sans
hésitation préférer celle qui donne aux expressions
familia et *pecunia* un sens distinct, très précis, conforme à l'étymologie, à l'état social et aux mœurs
des anciens Romains, celle qui trouve sa confirma-
tion dans les textes, et qui fournit peut-être l'explication de certaines particularités fort obscures du
droit romain.

(1) Ihering, *Entwickelungsgeschichte d. römisch. Rechts*,
1894, pp. 81 et ss. : « Nul ne contestera, s'il connaît l'ancien
droit et l'exactitude qu'il observe dans l'emploi des expressions,
que la loi des Douze tables n'a pu désigner une seule et même
chose avec deux expressions différentes, tantôt *familia*, tantôt
pecunia, et que, lorsqu'elle se sert de la dernière expression, elle
veut désigner par là quelque chose de particulier. »

CHAPITRE II

SECTION PREMIÈRE

L'étymologie.

Sous ses apparences de sécheresse, l'étymologie cache une source féconde de renseignements. Cette source est particulièrement précieuse pour l'étude des institutions anciennes. Souvent un radical révèle tout le passé d'une institution, comme quelques ossements épars permettent au zoologiste de reconstituer le squelette complet d'un animal antérieur à l'apparition de l'homme sur la terre.

Dans son œuvre posthume sur les *Indo-Européens avant l'histoire*, Ihering se prévaut de l'étymologie en faveur de sa théorie sur la *familia* et la *pecunia*. Mais alors il avait déjà pris parti sur le sens de ces mots. Au contraire, dans l'*Esprit du droit romain*, qui est de beaucoup antérieur à l'*actio injuriarum*, les remarques d'Ihering sur l'étymologie de nos deux expressions paraissent à la fois plus exactes et moins favorables à sa théorie.

§ 1. — *Étymologie du mot* familia.

« En osque, ainsi qu'on le voit par des enseignes retrouvées à Pompéi, *faamat* signifie *il habite. Familia* signifie à l'origine l'ensemble des biens meubles et immeubles, enfants et serviteurs (1). » En grec, le mot correspondant était οικετια (2). Ainsi, l'idée première d'où sont dérivés les sens divers de l'expression *familia*, c'est l'idée de maison : *familia*, comme οικετια, signifie tout ce qui rattache à la maison. Plus tard seulement se sont formées plusieurs variantes de cette notion commune, et *familia* désigna soit l'ensemble des personnes qui dépendent d'une même maison, soit plus spécialement les esclaves (3).

(1) Bréal et Bailly, *Dictionnaire étymologique*, Vº *Familia*.

(2) Testament de Gaius Longinus Castor : « Οικετια χρηματα αυτης διαθηκης γενομενης επριατο Ιουλιος Πετρωνιανος σεστερσιου νουμμου ενος », ce qui, de l'avis de tout le monde, signifie : *L'emptor familiæ et pecuniæ* de ce testament *uno nummo* fut Julius Petronianus.

(3) Le mot *familia* semble avoir suivi une évolution parallèle à celle du mot *manus*. Ce dernier, d'après Ihering, désignait à l'origine « l'ensemble de la puissance du chef de la maison sur sa *familia*, personnes et choses ». Plus tard seulement « cette expression s'est restreinte à un seul côté de la puissance domes-

La même remarque ressort de la loi 195 D. *de verb. signific.* 50, 16 (1), dans laquelle Ulpien nous explique avec détails les différentes acceptions du mot *familia.* Cette expression, nous dit-il, se rapporte soit aux personnes, soit aux choses. Elle se rapporte aux choses dans les Douze tables, aux termes desquelles « agnatus proximus familiam habeto. » Elle se rapporte le plus souvent aux personnes. C'est uniquement dans ce dernier sens qu'on l'employait du temps d'Ulpien, car l'auteur de la loi précitée entre, à ce sujet, dans des détails très précis. Au contraire, *familia* dans sa première acception était tombé en désuétude : sur ce point, Ulpien ne fournit aucun renseignement direct, il renvoie simplement, et sans commentaire, aux Douze tables. Cela s'explique. Cette loi, dont le texte était gravé dans toutes les mémoires, avait probablement fixé le sens du mot *familia* en tant qu'il se rapporte aux choses ; elle avait arrêté son évolution.

A l'aide des renseignements que nous donne Ulpien, ne peut-on pas rétablir l'histoire du mot *familia ?* Il a commencé par avoir un sens unique, nous l'avons vu en tête de ce paragraphe ; mais ensuite une bifurcation s'est produite, le tronc s'est divisé

tique, à la puissance maritale » (L'*Esprit du droit romain*, trad. Meulenaere, t. II, p. 157). De même le mot *familia* ne resta en usage qu'en tant qu'il désignait les *personnes* de la maison.

(1) V. p. 79.

en deux branches, qu'Ulpien nous a fait seules connaître : la première branche relative aux choses, la
deuxième relative aux personnes. Celle-ci s'est sub-
divisée en plusieurs autres : d'un côté elle se rapporte aux esclaves d'un même patrimoine, d'un
autre aux personnes libres. Mais, dans tous les cas,
il s'agit d'un ensemble de personnes se rattachant
toutes à une même *domus*. Il n'en est pas autrement
lorsque *familia* désigne les choses. Dans tous les cas
ce mot évoque l'idée de l'*eadem domus*. Par conséquent, si les Douze tables, en parlant des successions, disent que la *familia* passe au plus proche
agnat, n'est-il pas certain qu'il s'agit de l'ensemble
de tous les biens appartenant à un même *paterfamilias*, c'est-à-dire du *patrimoine?*

Ce qui prouve qu'il en est ainsi, c'est que l'on
peut retrouver des traces du mot *familia*, pris en
même temps dans les deux sens, comprenant toutes
les personnes et toutes les choses qui se rapportent à
la maison, ou plutôt cette maison elle-même, considérée au point de vue des personnes et des choses
qui s'y rattachent. Je veux parler de l'expression
paterfamilias. Ulpien nous l'explique dans le fragment cité plus haut. *Pater*, c'est le chef; c'est un
titre honorifique, une marque de respect; *familia*,
ce n'est pas uniquement les personnes, nous dit Ulpien; mais ce n'est pas non plus uniquement les
choses, autrement le titre de *pater* qui rappelle le

respect dû à celui qui le porte ne s'expliquerait pas (1). Le *paterfamilias*, c'est le chef de la maison ; seul il exerce les droits qui s'y rattachent et défend ses intérêts ; successeur de ses ancêtres divinisés, appelé à être lui-même divinisé après sa mort, il entretient le culte de la famille et veille à perpétuer sa race.

Le mot *paterfamilias* exprime fort heureusement ces idées. La maison, c'est la limite naturelle du pouvoir du *paterfamilias* ; dans la maison, il est vraiment le chef, il commande aux personnes, il peut seul disposer des choses ; il exerce une magistrature et un sacerdoce. En dehors de la maison, il n'est qu'un simple citoyen.

Cette interprétation étant absolument certaine, il faut sans hésitation entendre par *familia* dans les Douze tables l'ensemble des biens, des droits et des obligations qui se rattachent à la *domus*, en d'autres termes *le patrimoine*.

Objections tirées d'Ihering.

Cependant Ihering n'est pas arrivé à la même conclusion que nous. Dans l'*Esprit du droit romain*, il

(1) Ulpien, fragment précité, § 2 : « Pater autem familias appellatur, qui in domo dominium habet : recteque hoc nomine appellatur, quamvis filium non habeat : non enim solam personam ejus, sed et jus demonstramus ».

s'en rapproche beaucoup, il est vrai. « *Familia*, dit-il (1), dans le sens général, désigne la maison domestique dans son ensemble. Dans un sens plus restreint, ce mot désigne le patrimoine seul (par exemple, *familiæ erciscundæ judicium...*) ou la famille seule. » On peut s'étonner de voir ensuite Ihering soutenir que la *familia* comprend seulement les *res mancipi*, les choses nécessaires à la famille. Cela se concevrait si, à l'origine, le mot *familia* avait désigné uniquement les personnes ; car alors le même terme aurait, par extension, signifié ce qui était nécessaire à ces personnes ; mais Ulpien nous a répondu qu'il n'en était pas ainsi. Le rapprochement de divers passages de l'*Esprit du droit romain* semble d'ailleurs révéler certaines hésitations de la part d'Ihering sur la signification primitive du mot *familia*. Mais le même jurisconsulte se montre beaucoup plus catégorique dans un ouvrage posthume, peut-être moins mûri, dans les *Indo-Européens avant l'histoire*. « La *familia*, dit-il, nous représente la ferme romaine avec tout ce qui appartient à son exploitation : esclaves, bêtes de trait et de charge. Ces objets sont choses de *mancipium* (*res mancipi*), il faut, pour en transférer la propriété, une forme solennelle (*mancipatio, in jure cessio*), et ils peuvent être re-

____

(1) Ihering, l'*Esprit du droit romain*, traduct. Meulenaere, t. II, p. 155, note 224.

vendiqués contre tout possesseur par le propriétaire
qui les a perdus... Le droit sur la *familia* est le
droit spécifique du Romain, droit formé sur le sol
italique depuis le passage de la vie pastorale à l'agriculture (*dominium ex jure quiritium*), la propriété
du paysan sur sa maison et sa ferme (*familia* = maison, *famulus*, *familiaris* = habitant de la maison) (1). »

Pour réfuter cette dernière interprétation que propose Ihering du mot *familia*, rappelons seulement
que les ustensiles de culture, les chars, les char-
rues,... servaient à l'exploitation de la ferme comme
les bêtes de somme ou de trait et pouvaient même
avoir plus de valeur que ces animaux. Or, le matériel d'exploitation faisait partie des *res nec mancipi*.
Il faut l'avouer, si l'on se place au même point de
vue qu'Ihering, la détermination limitative des objets soumis au régime des *res mancipi* paraît irrationnelle, inexplicable ; mais, à notre avis, elle résulte tout naturellement de l'origine même que nous
avons attribuée à la théorie des *res mancipi*.
D'ailleurs, certains passages des œuvres d'Ihering
ne semblent-ils pas en contradiction avec d'autres ?
D'après les citations que nous venons d'en faire, ici
il entend par *familia* la maison domestique dans son

(1) Ihering, *les Indo-Européens avant l'histoire*, trad. Meulenaere, pp. 32 et 33.

ensemble, ou même le patrimoine (1) ; là, il ne voit plus sous ce mot que les *res mancipi*, les autres choses s'effacent, échappent à sa pensée comme des objets insignifiants et sans valeur. Dans la réalité il ne pouvait en être ainsi.

Des deux interprétations étymologiques du mot *familia*, qu'Ihering semble avoir adoptées tour à tour, la première paraît seule exacte. Comment l'idée première, qui est celle de maison, aurait-elle

(1) Ihering, *Entwickelungsgeschichte d. römich. Rechts*, 1894, pp. 81 et ss. : « *Familia* désigne à l'époque primitive l'universalité soumise au maître de la maison de la façon la plus complète, c'est-à-dire dans la forme de la *manus*. Plus tard, les divers pouvoirs sur les parties différentes qui la constituent se séparent les unes des autres, et, par suite, prennent aussi des noms différents : le pouvoir sur l'époux, *manus* ; sur les enfants, *patria potestas* ; sur les esclaves, *dominica potestas* ; sur les choses, *dominium*... Mais la situation juridique du *paterfamilias* vis-à-vis de toutes les parties constitutives de la *familia* était le même. Il avait le même pouvoir sur les esclaves et les choses et sur sa femme et son enfant, à l'intérieur de la *familia* comme à l'extérieur ». Dans ce passage, Ihering semble s'être parfaitement rendu compte du sens étymologique et de l'exacte portée du mot *familia*, quand il y fait entrer tous les éléments animés ou inamés du patrimoine soumis à l'autorité du *paterfamilias*. Néanmoins, dans le même ouvrage, il reste fidèle à sa théorie, qui ne comprend dans la *familia* que les *res mancipi*. Il semble alors perdre complètemement de vue toutes les *res nec mancipi*, comme si elles ne constituaient qu'une partie négligeable du patrimoine.

pu engendrer celle de *res mancipi?* Au contraire,
de la notion de maison, de foyer domestique, sont
naturellement découlées, d'une part, celle de la famille, de l'autre, celle du patrimoine.

§ 2. — *Etymologie du mot* pecunia.

Les mots *familia* et *pecunia* pourraient être appelés
complémentaires : lorsqu'on connaît le sens du premier, il est facile de découvrir celui du second. Ces
deux termes expriment certainement deux idées
opposées, comme le dit Ihering, note 28 de son ouvrage sur l'*actio injuriarum* : autrement, on ne les
trouverait pas tantôt réunis, tantôt séparés dans les
textes (v. p. 40). Si l'une signifiait *res mancipi*,
l'autre signifierait *res nec mancipi*. Mais la *familia*
étant le patrimoine *dans son ensemble*, on peut admettre a priori, et sauf contrôle, que la *pecunia* désigne les éléments du patrimoine considérés *individuellement*.

L'étymologie confirme d'une façon complète notre
manière de voir. Sans doute, *pecunia* vient de *pecus*,
troupeau, c'est-à-dire l'une des principales *res nec
mancipi*. Alors, on a dit : le nom de la principale
chose *nec mancipi* s'est étendu à toutes les choses
de cette catégorie. Mais il n'y a là qu'une supposi-
tion. Et ne serait-il pas singulier que le nom même
qui servait à désigner les *res nec mancipi*, les objets

souvent les moins précieux (1), fût en même temps synonyme de richesse ? Car dès une époque très reculée, le mot *pecunia* a certainement eu cette signification. Ne l'aurait-il pas dans les Douze tables ? Rien ne le démontre, absolument rien.

Ihering était beaucoup plus dans le vrai quand il disait : « *Pecunia* vient de *pecus*, la plus ancienne valeur mobilière. De là encore *peculatus*, c'est-à-dire l'appropriation du bétail donné comme *multa* et *peculium* : originairement le petit bétail des esclaves, plus tard le *patrimoine* DE FAIT des personnes soumises à la puissance domestique (lequel ne pouvait être caractérisé que comme valeur, comme *pecunia* et non comme base domestique de leur existence, comme *familia*). Le mot *pecunia* et non *familia* est également employé pour dé-. signer le patrimoine du peuple, car il n'a rien de commun avec la maison et la puissance domestique, il n'est aussi qu'une valeur (2). » Ces remarques sont fort justes, mais sans qu'il y ait lieu de faire aucune distinction entre les *res mancipi* et les *res nec mancipi*. Ihering a parfaitement aperçu le sens du mot *pecunia;* il l'a surtout mis en relief à propos du *peculium*, qui comprend indifféremment

(1) V. *Supra*, p. 14.

(2) Ihering, l'*Esprit du droit romain*, traduct. Meulenaere, t. II, p. 151, note 209.

toutes sortes de biens, mais qui, à la différence de la *familia*, ne se rattache pas à une *domus* distincte, ne forme pas un véritable patrimoine (*jus peculii*), mais seulement un ensemble de biens.

Pourtant, par suite de quelle évolution les Romains sont-ils arrivés à substituer, sous le mot *pecunia*, l'idée de richesse à l'idée de troupeau? Cela s'explique parfaitement. Les troupeaux ont pendant longtemps constitué l'élément principal de la richesse à laquelle ils ont même fini par donner leur nom (1).

Il y a encore une autre explication plus simple et peut-être plus exacte. *Pecunia* vient de *pecus numeratum*, troupeau compté, c'est-à-dire richesse évaluée en troupeaux, en têtes de bétail. Quand le métal remplaça le bétail dans les transactions, on dut baser les estimations sur le rapport existant entre la valeur de chacune de ces espèces de biens : tant de livres d'airain valaient tant de bœufs ou tant de moutons. Ainsi, le métal se substitua sans difficultés

(1) Bréal et Bailly, *loc. cit.*, V° Pecunia : « *Pecunia*, Richesse, argent (primitivement richesse en bétail). Les anciens Romains expliquent *pecunia* par les têtes de bétail qui étaient gravées sur les plus vieilles monnaies. Mais il est probable que *pecunia* a d'abord signifié « richesse en bétail, » puis d'une façon générale « richesse ». Par un changement en sens inverse, χρήματα, en grec moderne, désigne les animaux domestiques, les bêtes de somme. »

au bétail ; il devint tout spécialement le synonyme de richesse, la *pecunia*. Quand on eut imaginé de le peser à l'avance, il n'y eut plus, pour évaluer n'importe quel objet, qu'à compter en pièces de métal (*pecunia numerata*), comme autrefois on comptait en têtes de bétail. La substitution était rendue plus frappante par l'effigie de chaque pièce de monnaie, qui représentait soit un bœuf, soit un mouton.

Telle a été l'évolution du mot *pecunia*. Dans aucune de ses phases cette expression n'est devenue synonyme de *res nec mancipi*. Elle désigne sans aucune distinction tous les biens considérés en tant que richesses, ou plutôt les éléments quelconques du patrimoine envisagés individuellement.

Voilà ce que l'étymologie nous apprend sur la *familia* et la *pecunia*.

SECTION II

Objections tirées de l'esprit de l'ancien droit romain.

Cependant, une objection des plus graves se dresse immédiatement comme un obstacle insurmontable devant la théorie que nous propose l'étymologie. L'idée a été développée par Cuq dans les *Institutions juridiques des Romains* et dans un article de la *Nouvelle revue historique* (1). Les Romains, dit-il, ne connaissaient pas autrefois la notion du patrimoine. Ils savaient bien ce qu'était une maison, un champ, un troupeau,... mais ils ignoraient ce qu'on appelle un patrimoine. Dans ces conditions, il n'y aurait pas place pour notre théorie sur la *familia*.

Cette objection fondamentale, il faut la préciser avant d'en commencer la discussion.

Elle trouve son fondement dans une idée très féconde exposée dans l'*Esprit du droit romain*. Ihering l'a démontré, les Romains sont matérialistes en droit (2). Or, la notion du patrimoine, ensemble de droits et d'obligations, n'est-elle pas abstraite, subtile même, peu à la portée d'un peuple matérialiste et qui sortait à peine de la barbarie ? Demandez aujourd'hui à une personne peu instruite des théories juridiques ce que c'est qu'un patrimoine ; elle vous répondra que le patrimoine comprend les divers objets possédés par un même individu, oubliant précisément ce qu'il y a d'essentiel dans la définition. Sans doute, à l'époque classique, les Romains possédaient aussi bien que nous la notion abstraite du patrimoine ; mais en était-il de même

(1) *Nouvelle Revue historique de droit*, 1886, pages 542 et ss.

(2) *L'Esprit du droit romain*, trad. Meulenaere, t. III, pp. 109 et ss.

à l'origine? Un enfant ne connaît guère les abstractions ; en aurait-il par hasard été autrement du peuple romain pendant ses premiers siècles ?

Nous l'avons dit, ce qui donne une grande force à l'objection, c'est que les Romains, même à une époque bien postérieure aux Douze tables, avaient une tendance très marquée au matérialisme. Cela se rattache d'ailleurs à un autre trait de l'esprit romain, le sens pratique, très développé.

Cette remarque est générale. Ainsi, en ce qui concerne les arts, tandis que la Grèce cultivait toutes les muses, s'illustrait aussi bien par ses peintres ou ses sculpteurs que par ses architectes, Rome s'est distinguée surtout par ses monuments, beaux sans doute, mais aussi d'une étonnante solidité, puisque certaines constructions datant des premiers siècles de la république sont encore en usage. De même, dans les sciences, les Romains s'adonnèrent surtout à l'étude du droit, négligeant plutôt dans une certaine mesure la philosophie. On raconte qu'à Rome les enfants s'amusaient à discuter sur des questions juridiques : c'est ainsi qu'ils s'initiaient de bonne heure à la pratique des affaires. De même personne n'ignore que ce peuple avait de grandes dispositions pour faire la guerre et pour gouverner, ce qui devait le rendre le maître du monde civilisé.

Un pareil sens pratique ne peut moins faire que

de se manifester sous toutes sortes de formes, jusque
dans les théories et même dans la langue juridique.
« Le contemporain de Cicéron, dit Fustel de
Coulanges, se sert d'une langue dont les radicaux
sont infiniment anciens; cette langue, exprimant les
pensées des vieux âges, s'est modelée sur elles et
elle en a gardé l'empreinte qu'elle transmet de siècle en siècle. Le sens intime d'un radical peut quelquefois révéler une ancienne opinion ou un ancien
usage (1). » Le langage juridique des Romains paraît profondément empreint de matérialisme. Le
mot qui sert à désigner la propriété, *dominium*,
évoque immédiatement l'idée de soumission de l'objet de ce droit, c'est-à-dire l'idée de la manifestation
extérieure de la propriété. De même les expressions
mancipium, *manus* (pouvoir du mari sur sa femme),
mancipatio, *emancipatio*... ont tous trait au côté
matériel, c'est-à-dire aux conséquences apparentes
de la notion juridique qu'elles servent à désigner.
C'est encore la même tendance qui a fait considérer
la propriété comme un bien corporel, l'idée abstraite
du droit disparaissant en quelque sorte derrière son
objet.

Nous avons déjà remarqué que les anciens Romains tenaient relativement peu de compte de l'élément intentionnel dans l'appréciation de la respon-

(1) *La Cité antique*, 1ʳᵒ éd., p. 6.

sabilité pénale. Même à l'époque classique, le degré de la répression du *furtum* dépendait non pas de la préméditation, par exemple, mais seulement de circonstances accidentelles (*furtum manifestum,* ou *nec manifestum*), qui ne modifient en rien la culpabilité du voleur. La loi *Aquilia* punissait certains faits délictueux qui causent un dommage à autrui ; mais il fallait à l'origine que le *damnum* fût *corpore corpori datum*, il fallait un contact matériel entre l'auteur et la victime du délit pour que la loi reçut son application. A l'époque classique, on arriva à se dégager de ces exigences étroites ; seulement, cette évolution procéda non pas par changements de principes, mais par des modifications de détails, les préteurs corrigeant peu à peu les conséquences de l'ancienne théorie, à mesure que ces conséquences leur paraissaient trop rigoureuses. Mais les efforts constants qui finirent par dépouiller de leurs éléments matériels les délits réprimés par la loi *Aquilia* prouvent précisément combien devait être forte la tendance inverse dans les premiers siècles de Rome.

De même le mot *obligatio* évoque aujourd'hui l'idée d'un lien juridique formé entre deux personnes. Cette expression avait à l'origine une toute autre portée. A cette époque, lorsqu'on s'était obligé par le contrat de *nexum*, par exemple, on était exposé à se voir lié corporellement par le créancier qui

exerçait sur vous une *manus injectio* et vous prenait
au collet sans jugement préalable ; alors le débiteur
était vraiment *ligatus*. On peut voir dans la con-
trainte par corps les derniers vestiges très atténués
de cet ancien état de choses. Plus tard, le rapport
juridique existant entre créancier et débiteur chan-
gea de nature et le lien matériel qui menaçait ce
dernier disparut, mais le nom (*obligatio*) resta, seul
vestige de la rudesse des anciennes mœurs juridiques.

De ce que nous venons de voir, notamment au
sujet des obligations pénales et civiles, il semblerait
résulter que les anciens Romains ignoraient les
conceptions abstraites et s'occupaient seulement de
ce qui se voit et se touche. Les théories du droit,
et en particulier la notion juridique du patrimoine,
leur seraient donc restées complètement étrangères.
— Cuq le soutient. Pour cela, il se fonde en particulier sur la prétendue intransmissibilité *mortis
causa* des obligations.

A l'époque historique, les obligations civiles passaient à l'héritier et n'étaient pas exclusivement attachées à la personne. Mais en a-t-il toujours été
ainsi ? Le contraire ne semble-t-il pas résulter des
explications précédentes sur la conception primitive
des obligations ? La rigueur de leurs effets n'impli-
quait-elle pas leur intransmissibilité aux héritiers ?
Le débiteur engagé par *nexum* était en quelque sorte

le prisonnier sous condition suspensive de son créancier. S'il pouvait se condamner lui-même à cette espèce de servitude éventuelle, lui était-il permis d'y soumettre aussi ses héritiers? Cela peut paraître rigoureux, surtout pour les héritiers siens et nécessaires. En un mot, le caractère matérialiste du vieux droit romain, et spécialement ses principes sur les obligations contractuelles, semblent, à première, vue, imposer cette conclusion, que les dettes ne passaient pas aux héritiers, et, plus généralement, que l'idée abstraite du patrimoine considéré indépendamment des objets matériels qui en font partie, n'avait pu prendre place dans l'esprit des anciens Romains, des contemporains des Douze tables.

Cuq soutient très énergiquement cette théorie; peut-être s'est-il rendu compte qu'en la rejetant il serait amené à se demander comment s'exprimait l'idée de patrimoine à l'époque des Douze tables, quel mot a été remplacé par celui de *patrimonium*. Or, dans sa théorie sur la *familia* et la *pecunia*, ce problème restait insoluble.

Mais l'opinion du Cuq n'est-elle pas immédiatement réfutée par Gaius, au dire duquel la *mancipatio familiæ* portait sur le patrimoine tout entier : « Familiam suam, id est patrimonium suum, mancipio dabat (1) »? Cuq répond ainsi à l'objection.

(1) Gaius, *Commentaires*, 2, 102.

D'abord, la *mancipatio familiæ* est une institution récente ; et, d'autre part, sous le nom de patrimoine Gaius désigne ici simplement l'ensemble de tous les biens corporels du mancipant, abstraction faite des créances et des dettes. Dans ces conditions, l'acquéreur de la *familia* ne serait pas assimilé à un héritier.

Nous verrons plus loin si vraiment la *mancipatio familiæ* est une institution récente. Mais, indépendamment de cette question, l'interprétation de Cuq est insuffisante.

D'abord, Gaius nous apprend que, pour la revendication d'une hérédité, on apportait devant le magistrat un objet en faisant partie (1). De même, pour la *mancipatio familiæ*, il suffisait sans doute de faire figurer devant le libripens et les témoins un seul des éléments du patrimoine, et l'on mancipait ainsi d'un coup tous ses biens. En effet, les jurisconsultes romains nous parlent toujours d'une seule mancipation. Mais d'où vient cette dérogation unique au principe suivant lequel on ne pouvait manciper plusieurs choses à la fois ? Cuq ne peut le dire.

La *mancipatio familiæ* fait également exception à une autre règle encore plus fondamentale : on ne peut manciper que des *res mancipi*. Or, Cuq est contraint de reconnaître qu'il en est autrement ici :

______
(1) *Id.*, *Com.*, 4, 17.

la *mancipatio familiæ* transfère tous les biens, même les *res nec mancipi*.

Ces dérogations aux règles essentielles de la mancipation sont inexplicables si l'on considère simplement la *familia* comme un ensemble de biens. Il faut faire intervenir l'idée abstraite du patrimoine pour comprendre la théorie de la *mancipatio familiæ*; il faut reconnaître qu'elle avait pour objet de transmettre, non pas la masse des biens *mancipi* et *nec mancipi* appartenant à l'aliénateur, mais une chose unique et distincte, le patrimoine du testateur (1), c'est-à-dire l'ensemble de ses droits et de ses obligations.

Probablement, on n'aurait pas osé autrefois faire mancipation d'un patrimoine, chose qui ne figurait pas dans l'énumération des *res mancipi*. Cependant, on finit par y arriver, et l'usage s'en établit, tant se faisait sentir l'insuffisance des anciennes formes testamentaires. Quand les Romains avaient vraiment besoin d'une réforme, à défaut de l'intervention du législateur, ils en trouvaient les éléments dans le matériel juridique existant. En appuyant sur tel ou tel rouage, ils arrivaient à transformer complètement le mécanisme ou la portée d'une ancienne institution. Dans l'espèce, comment l'évolution que

___

(1) Gaius (*Commentaires*, 2, 102), donne à la *mancipatio familiæ* le nom de testament *per æs et libram*.

nous venons de signaler s'est-elle produite? En vertu de quels principes ou à l'aide de quels subterfuges est-on arrivé à faire mancipation non plus de tel ou tel objet matériel, mais d'un patrimoine? C'est une question fort embarrassante. On ne peut y répondre que par des hypothèses plus ou moins douteuses.

En voici une qui, du moins, paraît assez vraisemblable.

Ce qui représentait autrefois le patrimoine, c'était la maison, le foyer domestique, ou, si l'on veut, l'*heredium*. Quand on vendait sa *familia* (cela n'arrivait qu'aux approches immédiates de la mort), on se nommait un remplaçant, un successeur, dans la maison familiale. Ce successeur était désormais ce qu'avait été son prédécesseur, c'est-à-dire le prêtre, le magistrat, le seul administrateur et le seul maître de la *domus*, il le remplaçait en un mot à tous les points de vue. Par conséquent, l'aliénation de la maison familiale, du foyer, fut considérée comme opérant tous ces changements; un peu comme un roi, lorsqu'il transmet son trône ou sa couronne, transmet en même temps son royaume à son successeur, avec les charges et les prérogatives du gouvernement. En somme, les Romains paraissent ici avoir envisagé le patrimoine au point de vue des manifestations extérieures du pouvoir du *pater-familias*; mais, en cela même ils ont montré une

connaissance exacte de la notion juridique du patrimoine.

Ainsi, par suite, soit du désir très répandu ou plutôt du besoin moral de régler sa succession, soit des entraves attachées aux anciennes formes testa- mentaires, il était permis d'aliéner sa *familia;* du moins au moment de mourir, car, en toute autre circonstance, c'eût été réprouvé par la coutume et l'aliénateur eût semblé commettre l'acte le plus immoral et le plus impie. Mais cette aliénation, com- ment se réalisait-elle? Simplement sous les appa- rences d'une mancipation du foyer familial, opéra- tion parfaitement régulière en elle-même, puisqu'il s'agissait d'une *res mancipi.* Seulement, l'opéra- tion avait en réalité une portée beaucoup plus grande qu'en apparence : avec la maison de famille, elle transmettait le patrimoine lui-même. Néanmoins, à raison de ses avantages très considérables que nous avons signalés, elle fut permise et passa dans les mœurs.

Quelle que soit l'exactitude de cette explication, une chose paraît certaine, c'est que la *mancipatio familiæ* transférait le patrimoine lui-même et non pas seulement un ensemble d'objets matériels, les *res mancipi.* Autrement, pourquoi aurait-on con- sidéré la *mancipatio familiæ* comme une institution spéciale, distincte des autres mancipations? Le testament *per tabulas,* qui en est dérivé, produisait les mêmes effets, cela n'est pas douteux. A l'époque classique, les dettes et les créances passaient à l'héritier testamentaire. Pourquoi en aurait-il été autrement avec la *mancipatio familiæ*? Les principes restaient les mêmes ; les modifications qu'ils avaient reçues avaient uniquement pour but d'obvier à certains inconvénients graves de la *mancipatio familiæ* (1). Ainsi, grâce au testament *per tabulas*, le testateur put désormais confier aux *tabulæ* le secret de ses dernières volontés (2). D'autre part, en mancipant son patrimoine, le testateur ne pouvait pas faire toutes les dispositions accessoires que comporte un testament ; sur ce point, il devait s'en remettre à la bonne foi de l'acquéreur et n'avait pas de garanties : avec le testament *per tabulas*, il n'en fut plus de même. Enfin et surtout, cette nouvelle espèce de testament permit d'éviter le grand danger qu'offrait une aliénation du patrimoine faite entre vifs, bien qu'au moment de mourir. Après la *mancipatio familiæ*, le testateur, c'est-à-dire l'aliénateur, pouvait renaître à la vie, et alors il se trouvait dans une situation des plus difficiles : sa place était prise en quelque sorte. C'est en particulier pour ces trois motifs qu'aux formalités de la

(1) Gaius, *Commentaires*, 2, 102.

(2) Il est vrai que l'usage s'établit de laisser voir par les témoins le texte du testament.

mancipatio familiæ l'on combina celles qui se rapportent aux tablettes, et celles qui rappellent le testament *calatis comitiis.* Quant à la *portée* du testament *per tabulas*, elle restait celle de la *mancipatio
familiæ*, celle du testament *calatis comitiis* ou du
testament *in procinctu :* elle instituait un héritier continuateur de la personne du défunt, ayant
les mêmes droits et les mêmes obligations que
lui.

La *mancipatio familiæ*, comme un véritable testament, contenait donc disposition du patrimoine
lui-même. Nous avons vu quelle innovation remar-
quable a pu faire ainsi de la *mancipatio familiæ* une
institution distincte. Il n'y a pas là un fait absolument isolé. L'*usucapio hereditatis* présente la même
singularité. Elle trouve, elle aussi, son origine dans
le développement d'une autre institution plus ancienne, mais qui lui a survécu : l'usucapion ordinaire (celle-ci, comme la mancipation de droit commun, ne transfère la propriété que des *res mancipi*).
Dans l'*usucapio hereditatis*, en prenant la place du
de cujus au foyer familial, l'*usucapiens* acquérait au
bout d'un an son patrimoine tout entier. Devenu
propriétaire de tous les biens du défunt, il était complètement assimilé à un héritier, et comme tel con-
tinuait la personne du défunt (1). En d'autres

(1) Plus tard seulement cet état de choses fut modifié. V. Gaius,
Commentaires, 2, 5, 4, et Girard, *loc. cit.*, p. 856, note 5.

termes, l'*usucapio hereditatis*, au lieu d'être une application pure et simple de la théorie générale de l'usucapion, constituait une institution distincte non seulement par ses conditions (possession annale pour n'importe quelle nature de biens, — accomplissement d'actes d'héritier) mais aussi par ses effets (acquisition de la qualité d'héritier). Une telle institution implique évidemment que la notion du patrimoine, envisagé comme distinct des objets qui en font partie, était profondément enracinée dans les mœurs.

Or, l'*usucapio hereditatis*, à laquelle cette conception a donné naissance, remonte à une époque fort ancienne. Les jurisconsultes nous le disent on ne peut plus clairement. En effet, ils nous apprennent que cette usucapion n'exigeait ni juste titre, ni bonne foi. Certains auteurs voient dans cette particularité le vestige des anciens principes de la théorie générale de l'usucapion : ce qui constituait une exception à l'époque classique aurait été autrefois la règle, et l'on n'aurait exigé qu'après coup de l'*usucapiens* la *justa causa* et la *bona fides*. Cette thèse, d'ailleurs douteuse, suppose évidemment la haute antiquité de l'usucapion *pro herede*. Mais, en dehors même de cette doctrine, notre institution porte toutes les traces d'un passé fort long.

Gaius nous la présente comme absolument contraire à l'équité et complètement surannée. Or, comment expliquer la faveur dont elle avait joui, et qui l'avait dispensée de certaines conditions exigées pour toute autre usucapion? Simplement par le désir d'éviter la jacence des hérédités, pour que le culte des ancêtres du défunt ne fût pas en souffrance, « ut haberent qui sacra facerent », pour que les créanciers héréditaires eussent contre qui exercer leurs poursuites, « ut creditores haberent a quo suum peterent (1)». Ces motifs justifiaient, dans la pensée de ceux qui les ont exposés, l'innovation réalisée sans doute par les pontifes. Les pontifes exerçaient autrefois, notamment au IVe siècle U. C., une grande influence sur l'évolution du droit ; ils devaient faire leur possible pour perpétuer le culte des *sacra*, et entretenir ainsi les anciennes croyances qui faisaient leur propre puissance.

Dès cette époque, par conséquent, l'usucapion *pro herede* faisait acquérir le patrimoine du *de cujus*, avec ses créances et ses dettes, et non pas seulement un certain nombre d'objets matériels (2). Les jurisconsultes romains nous le disent ; et l'on ne peut expliquer autrement la théorie de cette institution.

— L'*usucapio pro herede*, la *mancipatio familiæ*, sont donc deux institutions spéciales dont l'origine

(1) Gaius, *Commentaires*, 2, 55. — Gaius paraît considérer l'obligation aux dettes héréditaires et l'obligation au culte des *sacra* comme allant de pair.

(2) Gaius, *Commentaires*, 2, 54.

et les principaux caractères supposent et reflètent un milieu social profondément pénétré de la notion exacte du patrimoine. A l'époque reculée où nous nous plaçons comme plus tard pendant la période classique, les créances et les dettes faisaient partie du patrimoine et se transmettaient avec lui (1).

Lorsque l'héritier est un *heres suus*, cela paraît assez naturel. Car, du vivant du *de cujus*, il avait sur les biens de celui-ci un droit de copropriété latent; le jour du décès ce droit se révèle, mais il n'est pas nouveau. Par le seul fait de cette mort, l'héritier sien se trouve élevé à la place que laisse son ancêtre. Désormais il doit à ce dernier un culte quotidien, en même temps qu'à tous les représentants antérieurs de la famille. Ce culte veut que tout se passe comme si le défunt vivait encore. C'est ce qu'exprime le symbolique feu sacré entretenu à l'intérieur de la maison familiale. La mort n'anéantit pas, ne change rien : d'un côté, le défunt passe à une vie surnaturelle et son autorité morale et religieuse ne fait que grandir; d'un autre côté, l'héritier sien

(1) Nous avons sur ce point des textes formels. Ex. : Gordien, loi 6. C. *familiæ erciscundæ*, 3, 36 : « Ex, quae in nominibus sunt, ipso jure in portiones hereditarias ex lege Duodecim tabularum divisa sunt. » Dioclétien, loi 26 C., *de pactis*, 2, 3 : « Ex lege Duodecim tabularum æs alienum hereditarium pro protionibus quæsitis singulis ipso jure divisum ». Le premier texte est relatif aux créances, le deuxième aux dettes.

n'a pas un droit nouveau et distinct de celui du *de cujus*. Dès lors, la transmission héréditaire des créances et des dettes n'a rien que de très naturel.

Mais pour l'héritier testamentaire, ne pourrait-on pas concevoir le contraire? Il n'en est rien. La condition de l'*heres extraneus* se distingue de celle de l'*heres suus* uniquement par la nécessité où se trouve le premier de faire adition d'hérédité. Etant en dehors de la succession, il lui faut y entrer pour exercer les droits de sa vocation héréditaire. Mais une fois en possession, il ne diffère plus d'un héritier sien. Or, la *mancipatio familiæ* transférait non seulement les biens corporels du *de cujus*, mais aussi ses droits et ses obligations. Comme le fit plus tard le testament *per tabulas (Titius heres esto)*, elle plaçait l'héritier du choix dans la situation d'un *heres extraneus*.

La preuve en est qu'elle lui imposait la charge très lourde du culte des *sacra*, c'est-à-dire des ancêtres. Nous l'avons vu, à ce devoir du culte domestique se rattache intimement l'obligation aux dettes du défunt (1). Les honneurs de la religion dus à sa mémoire, à son âme, impliquent le respect de ses actes, l'observation de ses engagements. Toutes ces charges résultaient de plein droit du titre d'héritier légitime ou institué *(Titius heres esto)*. Cela fut ensuite gra-

____

(1) C'est aussi ce que paraît supposer Gaius. V. *Supra*, p. 68.

vement modifié, mais cette modification même nous révèle l'état de choses par elle changé. La charge des *sacra* était très lourde, puisqu'elle a donné naissance à l'expression *hereditas sine sacris*, synonyme de bonheur parfait. De plus, elle paraissait autrefois inséparable de la qualité d'héritier. Alors même qu'une succession était presque absorbée par des legs, l'héritier institué restait seul tenu d'entretenir le culte des ancêtres. Cette situation, qui s'expliquait par d'anciennes coutumes, finit par sembler injuste et blesser l'équité. « Deux siècles environ après la rédaction des Douze tables, Tiberius Coroncanius, nous dit Cicéron, décida que dorénavant la charge des *sacra* incomberait à ceux qui recueillent l'émolument principal de l'hérédité, c'est-à-dire : 1° aux héritiers ; — 2° à celui « qui majorem partem pecuniæ capiat » —; 3° au légataire de la « major pars pecuniæ », à partir du jour où il avait recueilli une partie quelconque de son legs (1). » Désormais, la charge fut dans, une certaine mesure, proportionnée aux bénéfices réalisés.

L'innovation de Tiberius nous apprend ainsi que l'héritier testamentaire, comme nous l'avons dit, était tenu des dettes et charges de la succession. L'état de choses qu'a modifié Tiberius Coroncanius n'a pu être établi qu'à une époque bien antérieure ;

(1) Cuq, *Institutions juridiques des Romains*, p. 555.

or, il repose sur la distinction fondamentale entre l'institution d'héritier et le legs, correspondant à la distinction entre le patrimoine et les différents biens qui en font partie. En d'autres termes, pendant la période comprise entre la rédaction des Douze tables et la réforme de Tiberius Coroncanius, la notion abstraite du patrimoine, loin d'être inconnue, constituait l'une des bases du régime successoral.

L'objection exposée en tête de cette section se trouve ainsi réfutée.

Mais, par le fait même, se révèle un argument à notre avis très puissant en faveur de notre théorie. Car, en dehors d'elle, le texte des Douze tables présente une singularité à peu près inexplicable. Les fragments qui nous en sont parvenus sont assez abondants sur la matière des successions testamentaires ou *ab intestat*. Or, si *familia* n'avait pas le sens que nous lui attribuons, il faudrait admettre que les Douze tables n'ont jamais parlé du patrimoine. L'héritier recueillait le patrimoine tout entier : comment la loi aurait-elle pu n'en pas dire un seul mot, et parler seulement de ses droits à telle ou telle catégorie de biens ? Mais pour nous cette difficulté n'existe pas ; car la *familia* que recueille l'héritier, c'est précisément le patrimoine.

SECTION III

Notre théorie contrôlée par les textes.

Pour exercer ce contrôle, nous disposons de certains passages d'auteurs qui commentent plus ou moins explicitement les mots *familia* et *pecunia*. Mais nous pouvons aussi tirer parti de quelques anciennes expressions juridiques très répandues, par exemple celles de *paterfamilias, actio familiæ erciscundæ*.

Nous avons déjà parlé du *paterfamilias* (1) ; nous n'y reviendrons pas.

Quant à l'action en partage, elle paraît très ancienne ; dès le temps des Douze tables, elle devait être d'un usage fréquent. S'il a existé, à une certaine époque, une coutume suivant laquelle les *heredes sui* restaient dans l'indivision, cette époque est bien antérieure, et cette coutume n'a certainement pas subsisté longtemps ; car, après quelques générations, elle aurait engendré, dans l'administration des fortunes et dans les relations entre membres d'une même famille, des difficultés et des complications inextricables.

(1) V. *Supra,* p. 46.

Les mots *familiæ erciscundæ actio* ont toute la physionomie du vocabulaire des Douze tables. D'ailleurs Gaius, lui-même, nous dit que cette institution a été organisée par elles. « Hæc actio proficiscitur e lege XII tabularum (1) ». Or, quel peut bien être le sens du mot *familia* dans l'expression *familiæ erciscundæ actio* ? Quel serait l'objet d'un partage en matière de succession, sinon le patrimoine ? Comment soutenir qu'il s'agit seulement des *res mancipi* ? Le législateur aurait-il négligé de régler le partage des *res nec mancipi*, comme s'il s'agissait de choses peu dignes de son intervention ? Mais nous savons qu'elles constituaient un élément de richesse très important. Dans l'expression *familiæ erciscundæ actio*, *familia* ne peut donc signifier autre chose que le patrimoine ; or, cette expression, d'après Gaius, se trouvait dans le texte des Douze tables. D'autre part, Ulpien nous enseigne que *familia*, quand il désigne les choses, n'a jamais qu'un seul sens, celui qu'il a dans les Douze tables. Par conséquent, encore une fois, *familia* désigne le patrimoine.

La même conclusion paraît ressortir de ce que nous avons vu précédemment sur une réforme réalisée par Tiberius Coroncanius (2) en matière de suc-

(1) Gaius, loi 1 pr. au D., *familiæ erciscundæ*, 10, 2.
(2) Consul en l'an 474, U. C.

cession testamentaire. Avant lui, le culte des *sacra* restait toujours attaché à la qualité d'héritier. Désormais, elle fut mise à la charge de celui qui recueillait « majorem partem pecuniæ », à n'importe quel titre. Ici, le mot *pecunia* est significatif : il exprime seul le bénéfice réalisé par le légataire : quant à l'héritier, il ne s'enrichit pas seulement d'une part de *pecunia*, il recueille la *familia*. Or, quelle est la différence essentielle qui distingue l'héritier du légataire ? C'est que le premier seul continue la personne du défunt, *sustinet personam defuncti* ; à lui, par conséquent, doivent incomber les dettes et charges de la succession, en particulier et avant tout celle du culte des *sacra*. Tiberius Coroncanius a relâché beaucoup le lien jusqu'alors indissoluble qui rattachait cette charge au titre d'héritier. Modifiant le caractère traditionnel et religieux de l'obligation du culte des ancêtres, il l'a traitée un peu comme une simple dette de reconnaissance envers le défunt, dette proportionnée au bienfait reçu. Telle est cette réforme considérable au point de vue des principes, et qui semble manifester déjà le déclin de la religion domestique devant la raison intéressée. Ainsi comprise, elle s'harmonise parfaitement avec l'esprit novateur de Tiberius Coroncanius. Mais alors il faut admettre notre théorie sur la *familia* et la *pecunia*, et laisser ici de côté toute distinction des *res mancipi* et des *res nec mancipi*.

Examinons à présent les textes qui commentent avec plus ou moins de détails le mot *familia*.

Ils appartiennent généralement aux ouvrages juridiques. Cela s'explique. A l'époque classique, notre mot n'est plus employé que pour désigner certains groupes de personnes, esclaves ou libres. En tant qu'il se rapporte aux choses, il est en complète désuétude ; on ne le rencontre guère employé en ce sens que chez certains jurisconsultes, par exemple, lorsqu'ils nous expliquent d'anciennes institutions.

C'est ainsi que Gaius nous fournit sur la *mancipatio familiæ* les renseignements les plus précis et les plus intéressants. A ce sujet, il ne nous laisse pas l'ombre d'un doute sur le sens attribué au mot *familia* dans l'expression *mancipatio familiæ*. Ce que l'acquéreur obtenait, ce n'était pas simplement les *res mancipi* du défunt, mais son patrimoine tout entier : « familiam suam, id est patrimonium suum (1) ».

Mais *patrimonium* est-il pris ici dans son sens strict, c'est-à-dire comme un ensemble de droits et d'obligations, ou bien simplement comme une réunion des objets matériels appartenant au mancipant (2) ? Encore sur ce point, Gaius ne nous laisse

(1) Gaius, *Commentaires*, 2, 102.

(2) Cuq prétend (*N. R. Hist.*, 1886, p. 540) que « le patrimoine désigne à Rome les biens corporels appartenant au chef de famille par opposition aux créances ».

aucune hésitation ; car il insiste sur cette idée et dit que l'acquéreur de la *familia,* loin de se confondre avec un simple acquéreur d'objets plus ou moins précieux, était considéré comme un véritable héritier : « heredis locum obtinebat. » C'est même pour cette raison que le testateur lui confiait ses dernières volontés relativement aux legs qu'il aurait voulu faire. Gaius dit que la *mancipatio familiæ* remplaça les anciens testaments *calatis comitiis* et *in procinctu.* Pour ceux-ci, leur effet ne se restreignait pas à une transmission d'objets matériels ; ils mettaient en jeu l'intérêt pécuniaire en même temps que l'intérêt social et religieux de la famille dont ils désignaient le futur *paterfamilias* ; ils contenaient disposition du patrimoine lui-même. Gaius nous affirme que le testament *per æs et libram (mancipatio familiæ)* avait la même portée, en un mot, qu'il constituait lui aussi un véritable testament. Pouvons-nous mieux faire que de nous en tenir à l'affirmation d'un jurisconsulte aussi autorisé ?

Devant le langage décisif de Gaius, il a fallu s'incliner. Alors, Cuq prétend que si *familia* signifie patrimoine à l'époque de la *mancipatio familiæ,* il n'en a pas toujours été ainsi ; cette institution, dit-il, porte, en elle-même, les marques d'une origine assez récente. Ainsi, la mancipation y remplit un rôle pour lequel elle n'était pas faite. D'autre part, cette institution ne peut s'expliquer que par une augmentation considérable dans le nombre des testaments ; ce qui indique le besoin déjà presque universel de mettre ordre à ses affaires avant de mourir : c'est le signe d'une civilisation avancée (1).

Cette opinion de Cuq sur l'ancienneté de la *mancipatio familiæ* paraît très contestable. Cette institution ne semble pas de beaucoup postérieure aux Douze tables. Elle est très imparfaite et pleine d'inconvénients que nous avons signalés. Gaius en parle comme d'une institution depuis longtemps tombée en désuétude.

Quant aux considérations qui ont pu amener Cuq à voir en elle une création récente de la pratique, il est facile d'y répondre.

D'abord, les Romains ont toujours été enclins à utiliser de toutes manières les institutions dont ils jouissaient, en épuisant les ressources qu'elles offraient, puis même en étendant leur portée en dehors de leur sphère normale d'application pour répondre aux nouveaux besoins de la vie juridique. C'est ce qu'ils ont fait, par exemple, pour l'*in jure cessio*, dont on ne peut cependant méconnaître la haute antiquité. Ces procédés d'innovation par voie interprétative en apparence, mais législative au fond, ont été employés surtout par les pontifes à l'époque où ils jouissaient du monopole de la science

(1) *Nouvelle revue historique de droit*, 1886, p. 553.

juridique. C'est dans cette période, qui finit un siècle et demi environ après la rédaction des Douze tables, qu'il faut placer l'origine de la *mancipatio familiæ*. Cette origine n'est donc pas récente.

Quant à la coutume de faire son testament, elle paraît très ancienne à Rome (1). L'un des besoins moraux qui l'ont engendrée, le désir du *paterfamilias* d'affirmer et de faire respecter une dernière fois son autorité, remonte sans aucun doute à la plus haute antiquité.

L'expression *mancipatio familiæ* ne semble donc pas beaucoup postérieure à la rédaction des Douze tables , par conséquent, elle a dû prendre naissance peu de temps après la nouvelle rédaction qui fut faite, dit-on, de l'ancienne loi à la suite du pillage de Rome par les Gaulois (364 U. C.). Pendant ce court intervalle de temps, le sens du mot *familia* aurait-il changé complètement, cessé d'être *res mancipi* pour devenir *patrimoine* (2) ? Rien ne le prouve.

Le contraire est même affirmé par Ulpien dans un fragment du Digeste déjà signalé (3). Dans ce frag-

(1) C'est ce qui semble résulter notamment de la formule des Douze tables : « Si intestato moritur... » V. Girard, *Manuel élémentaire de droit romain*, 2° éd., p. 772, note 3.

(2) C'est ce que prétend Cuq (*Nouvelle revue historique de droit*, 1886, p. 553), en prenant ici le mot patrimoine dans un sens spécial (V. *Supra*, p. 61.)

(3) Loi 195, D. de *Verb. signific.*, 50, 16. — V. *Supra*, pp. 45

ment, le jurisconsulte explique les différents sens du mot *familia*. Mais il commence par faire une distinction capitale. En effet, dit-il, ce mot est pris tantôt pour désigner les personnes, tantôt pour désigner les choses : « Nam et in res et in personas deducitur (familiæ appellatio). » Lorsqu'il concerne les choses, le mot *familia* est pris comme dans les Douze tables, par exemple dans cette phrase : « Agnatus proximus familiam habeto. » Lorsqu'il désigne les choses, il est pris comme dans ce fragment des Douze tables : « Ex ea familia qui liberatus erit, ejus bona in eam familiam revertuntor » ; car dans cette phrase, « on admet qu'il s'agit des personnes ». Et tout le reste du fragment du Digeste a trait aux différents sens que peut recevoir le mot *familia* quand il se rapporte aux personnes.

Le texte d'Ulpien nous fournit deux renseignements importants.

D'abord, dans les Douze tables, *familia* concerne

et ss. Voici le texte : « Familiæ appellatio qualiter accipiatur, videamus. Et quidem varie accepta est : nam et in res et in personas deducitur. In res, utputa in lege Duodecim tabularum his verbis, *adgnatus proximus familiam habeto*. Ad personas autem refertur familiæ significatio ita, cum de patrono et liberto loquitur lex : *ex ea familia*, inquit, *in eam familiam;* et hic de singularibus personis legem loqui constat. — § 2. Familiæ appellatio refertur et ad corporis cujusdam significationem, quod aut jure proprio ipsorum, aut communi universæ cognationis continetur, etc... »

généralement les choses. Car en citant un fragment de la même loi, dans lequel ce mot a trait aux personnes (1), Ulpien insiste sur ce point et fait remarquer qu'il donne, de la phrase par lui citée, l'interprétation admise d'une manière unanime. Cette interprétation aurait donc pu, à la rigueur, être discutée, car Ulpien ne croit pas inutile de faire remarquer qu'elle est adoptée par tous les auteurs. Si néanmoins le jurisconsulte cite comme exemple une phrase dans laquelle le sens du mot *familia* n'est pas absolument évident, ne s'impose pas, c'est probablement que les Douze tables ne lui offraient pas d'exemple plus typique. Cette phrase est donc exceptionnelle ; en général, dans les Douze tables le mot *familia* se rapporte aux choses et non pas aux personnes.

En second lieu, notre texte nous apprend que *familia* désigne tantôt les choses, tantôt les personnes.

(1) Voici le texte auquel Ulpien fait allusion : « Ex ea familia qui liberatus erit, ejus bona in eam familiam revertuntur. » A première vue, on pourrait interpréter ce texte de la manière suivante : à la mort de l'affranchi ses biens font retour dans le patrimoine de son patron. Mais Ulpien nous apprend que tel n'est pas le sens véritable de la loi. Ici *familia* désigne les personnes : quand l'affranchi meurt *intestat* et sans postérité, le droit à sa succession passe de sa famille à celle de son patron. Voilà, dit Ulpien, comment notre texte doit être interprété. Mais, encore une fois, ce n'est pas évident. Sans l'explication d'Ulpien, « on pourrait aisément s'y tromper. »

Dans le premier cas, il a toujours exactement le même sens, celui qui lui appartient généralement dans les Douze tables ; dans le second cas, il a des significations très variées. Telle est la seule explication du laconisme d'Ulpien sur la première acception du mot *familia* à côté de l'étendue de ses développements sur la seconde.

Voilà ce que nous apprend le fragment d'Ulpien. Qu'on le rapproche du passage plus haut cité des *Commentaires* de Gaius, et l'on sera convaincu de la vérité de notre théorie. Car Gaius dit, en propres termes, que dans l'expression *mancipatio familiæ*, *familia* signifie patrimoine. Cela prouve d'ailleurs que du temps de Gaius ce mot n'était plus employé dans ce sens : autrement, l'explication qu'il donne (« familiam, id est patrimonium ») serait inutile. Mais Ulpien nous dit que lorsqu'il concerne les choses, *familia* n'a jamais qu'une signification, la même que dans les Douze tables. Cette signification est donc évidemment celle de *patrimoine*.

Quant au mot *pecunia*, les Douze tables semblent toujours l'opposer au mot *familia*. Si l'un était synonyme de *res mancipi*, l'autre le serait de *res nec mancipi*. Mais puisque l'un signifie le patrimoine dans son ensemble, on peut affirmer, même à priori, que l'autre désigne les objets compris dans le patrimoine et considérés isolément comme éléments de richesse.

C'est d'ailleurs à cette conclusion que nous sommes arrivés déjà en étudiant la réforme de Tiberius Coroncanius, relative à l'attribution des *sacra* en matière successorale (1).

Le riche (*pecuniosus*), c'est celui qui possède beaucoup de *pecunia*, c'est-à-dire de grandes propriétés foncières, une foule d'esclaves, de nombreux troupeaux... Il n'y a pas de raison de distinguer entre ces différentes catégories de choses ; chacune d'elles, qu'elle soit *res mancipi* ou *res nec mancipi*, peut représenter et constituer une véritable fortune (2).

SECTION IV

Conséquences de notre théorie.

Nous savons ce que signifient dans les Douze tables les mots *familia* et *pecunia*. Il nous reste à faire, aux fragments de cette loi qui nous sont parvenus, l'application du résultat de nos précédentes recherches. Et cette application elle-même ne servira qu'à nous confirmer dans la conviction à laquelle

(1) V. *Supra*, p. 74.

(2) V. Sur ce point *supra*, p. 53, ce qui concerne l'explication du mot *peculium*, et l'étymologie de *pecunia* (*pecus numeratum*, valeur *quelconque* estimée en nombre de têtes de bétail).

nous sommes arrivés sur le véritable sens des mots *familia* et *pecunia*.

Les fragments qui contiennent ces expressions sont relatifs soit aux successions, testamentaires ou *ab intestat*, soit à la tutelle ou à la curatelle. D'où la division de cette section en deux paragraphes.

§ 1er. — *Des fragments relatifs aux successions.*

A. — Succession « ab intestat. »

« Si intestato moritur, cui suus heres nec escit, adgnatus proximus familiam habeto. Si adgnatus nec escit, gentiles familiam habento. »

Nous avons déjà remarqué que la théorie d'Ihering et de Cuq ne pouvait se soutenir si l'on n'admettait pas que les *res mancipi* étaient les choses indispensables à la famille, et les *res nec mancipi*, les choses absolument vaines et superflues. Mais c'est à présent, dans l'étude directe des Douze tables, que nous verrons la place fondamentale occupée dans cette théorie par le prétendu axiome de l'importance des *res mancipi* et de la futilité des *res nec mancipi*. Quant à la fausseté d'un pareil principe, elle a été plus haut démontrée (1).

Lorsqu'un individu meurt sans testament, à dé-

(1) V. *Supra*, pp. 14 et ss.

faut d'héritier sien, l'agnat le plus proche recueille la *familia* ; à son défaut, ce sont les *gentiles*. Voilà ce que dit la loi des Douze tables. Dans la théorie d'Ihering on l'interprète ainsi : la *familia* que recueillent les *gentiles* à défaut d'agnat, ce sont les *res mancipi* ; ces choses qui, autrefois, appartenaient à la *gens* lui font retour quand il n'y a pas de plus proche héritier. La propriété familiale a remplacé la copropriété *gentilice* ; celle-ci retrouve son empire quand celle-là disparaît par l'extinction de la famille : rien de plus naturel et de plus logique.

Malheureusement pour cette théorie, le rapport étroit qu'elle suppose entre l'ancienne copropriété *gentilice* et la distinction des *res mancipi* et des *res nec mancipi* n'a jamais existé. Nous l'avons vu, l'origine de cette distinction n'a rien de commun avec l'organisation familiale et le régime économique de l'ancienne Rome. Le régime des *res nec mancipi* a commencé par être le droit commun. Peu à peu, le régime des *res mancipi*, organisé dans des circonstances et à raison de besoins tout spéciaux, s'est développé par des emprunts successifs à celui des *res nec mancipi*, jusqu'à la confusion complète de l'un dans l'autre à l'époque du Bas-Empire.

Voici quelle paraît être l'explication du droit successoral des agnats et des *gentiles*.

Ce droit se rattache étroitement à celui de l'*heres suus*. Ce dernier est facile à justifier. Du vivant même du *de cujus*, l'*heres suus* jouissait déjà d'une espèce de copropriété latente, qui ne fait que se révéler à la mort du *paterfamilias* ; il prend alors son développement normal. Il se produit quelque chose d'analogue, lorsque, de deux héritiers appelés à une même succession, l'un vient à renoncer. Chacun étant appelé à toute l'hérédité, la coexistence des deux compétiteurs mettait un obstacle de fait à l'exercice de leurs droits exclusifs, mais égaux. Seulement, que l'obstacle disparaisse par la renonciation de l'un des cohéritiers, et le droit de l'autre prendra de lui-même et par la force des choses son développement normal.

C'est aussi dans cet ordre d'idées qu'il faut chercher l'explication du droit successoral de l'agnat. Ce dernier n'a jamais eu aucun rapport de copropriété avec le *de cujus*. Mais l'un et l'autre descendent d'un même *paterfamilias* déterminé. A la mort de cet auteur commun, sa succession s'est divisée par suite d'un concours de cohéritiers. Ce concours seul a mis obstacle à l'exercice du droit exclusif de chacun. Eh bien, à la mort de l'agnat, l'obstacle est levé. Sans doute, par l'effet de l'acceptation, le cohéritier jouit d'un droit exclusif sur sa part de la succession ; la division du patrimoine semble définitive. Cependant, si ce cohéritier vient à mourir sans laisser de descendant, d'*heres suus*, qui donc recueillera son héritage ? Son patrimoine, qui a pris

naissance dans le concours de deux cohéritiers à une
même succession, n'a plus de représentant ; il ne
peut subsister isolément ; il doit tomber et se confondre dans un autre patrimoine : ce sera dans
celui qui l'aurait absorbé si le concours de cohéritiers qui lui a donné naissance n'avait pas eu lieu (1).
Le patrimoine s'était divisé par la force des choses
entre deux cohéritiers siens ; l'un de ces derniers et
ses descendants venant à disparaître, l'unité se réta-
blit au profit de l'autre ou de ses descendants.

Voilà l'explication rationnelle du droit successoral de l'agnat le plus proche, tel qu'il résulte de la
loi des Douze tables. Cette explication n'a rien
d'anormal, elle s'harmonise parfaitement avec l'organisation de la famille dans l'ancienne Rome. Le
droit de l'agnat se rapproche, en somme, singulièrement, du droit de l'*heres suus*.

A défaut d'agnats, les *gentiles* recueillent la succession. Ici, le passage d'un ordre de successibles à
l'autre, la ligne de démarcation qui les sépare, sont
encore plus légers, presque insensibles. Car les *gentiles* sont en réalité des agnats dont le degré agnati-
que ne peut être déterminé parce que l'on ignore

---

(1) Ne pourrait-on pas rattacher à cette idée la formule d'interdiction : « quando tibi bona *paterna avitaque* ? » Les biens que
le curateur, c'est-à-dire l'héritier présomptif, devait protéger, ce
sont précisément ceux auxquels se rattachait l'origine de son
droit de succession.

l'ancêtre dont provient la parenté. On sait seulement que cet ancêtre a existé ; car la communauté de nom et de culte domestique, ne peut laisser aucun doute sur ce point. Alors, le droit des *gentiles* se trouve tout justifié par celui des agnats. Mais, d'abord, il n'est évidemment que subsidiaire, car un agnat est toujours présumé plus proche parent qu'un *gentilis*, et celui-ci ne peut écarter cette présomption sans devenir agnat. Et, d'autre part, les *gentiles* ont tous des droits égaux, parce qu'il est impossible de dire quel est celui qui devrait exclure les autres. Tous sont appelés à la succession, comme des agnats de même degré ; et personne ne peut établir à son profit un droit préférable, une parenté plus rapprochée que celle des autres ; car, encore une fois, si l'un d'eux pouvait faire cette preuve, il serait un agnat.

Voilà pourquoi les *gentiles* ne viennent à la succession qu'à défaut d'agnats, mais y viennent tous sur un pied d'égalité. Par sa simplicité, cette explication contraste avec celle que l'on a parfois voulu tirer d'une prétendue copropriété gentilice. Cette copropriété aurait précédé la propriété de la famille. En cédant la place à celle-ci, elle aurait laissé des vestiges ; elle aurait conservé son empire au moins dans une hypothèse : quand l'un des membres de la *gens* mourait sans laisser d'agnat. Mais rien ne prouve d'une manière certaine que cette prétendue copropriété gentilice ait jamais existé. Et dans tous les cas, l'on ne voit pas bien comment cette explication pourrait se concilier avec la distinction des deux dernières classes de successibles : celle des agnats et celle des *gentiles*. Pourquoi la copropriété aurait-elle repris son empire seulement au profit des *gentiles* et à défaut d'agnats (1)?

Qu'il s'agisse des *gentiles*, des agnats, ou de l'*heres suus*, le droit successoral est donc toujours de même nature ; il a le même fondement et porte évidemment sur les mêmes objets.

C'est ce qui résulte d'une manière très nette du texte des Douze tables. En effet, il nous dit qu'à défaut de successibles du premier ordre, ceux du deuxième recueillent la *familia* : « agnatus proximus familiam habeto » ; qu'à défaut de successibles du deuxième ordre, ceux du troisième recueillent la *familia* : « gentiles familiam habento ». Donc, ce qui passe à l'héritier sien, comme à l'agnat, comme aux *gentiles*, c'est toujours la *familia*.

Or, qu'est-ce que cette *familia?* Évidemment, elle

---

(1) Le droit allemand nous montre quelles sont les formes normales d'un régime successoral basé sur la copropriété de famille. Les parentèles de même degré ont alors des droits égaux. De même en Écosse, pour la succession aux *héritables*, et dans les cantons suisses qui pratiquent le système successoral de la *patermagen*. Les droits de succession se déterminent, non pas, comme en droit romain, par le degré de parenté de chaque successible, mais par le rang de la parentèle dont il fait partie.

comprend les *res mancipi* ; mais elle comprend aussi
les *res nec mancipi*. Sans doute, on peut dire que
les choses de cette dernière catégorie ne sont pas
susceptibles de propriété quiritaire ; mais nous avons
déjà vu qu'elles sont l'objet d'un droit très énergique
auquel on pourrait même donner le nom de propriété (1) ; ce droit passe à l'héritier. Il est vrai que
l'un de ses principaux fondements paraît avoir été
la possession (2) ; mais s'en suit-il que le *paterfamilias*, l'ancien possesseur, étant mort, son *heres suus*
ne pouvait acquérir les *res nec mancipi* de l'hérédité que de son propre chef, par l'occupation ? Non ;
du vivant du *paterfamilias*, il avait en quelque sorte,
à l'état latent, un droit de copropriété quiritaire sur
les *res mancipi*, mais aussi un droit d'une autre nature sur les *res nec mancipi*. Le jour où meurt le
paterfamilias, son héritier sien prend sa place. Il ne
possède pas *ipso jure* les objets de l'hérédité ; mais
la propriété des *res nec mancipi* ne se confond pas
avec leur possession. Sa qualité d'*heres suus* lui
transfère cette propriété.

Et il ne faudrait pas parler ici de l'*usucapio pro
herede*, qui aurait fonctionné pour les *res nec mancipi* comme une prescription instantanée. Car l'*usu-*

(1) V. *Supra*, pp. 23 et ss.

(2) Ainsi, il se transmet par le transfert de la possession. De
même, il n'est pas susceptible de revendication.

capio pro herede profitait seulement à la personne qui prenait à sa charge toute la succession, non à celle qui en aurait dérobé quelques objets.

L'héritier recueillait donc les choses *nec mancipi* comme tout le reste.

Ce qui le prouve encore, c'est qu'autrement il faudrait admettre qu'il les acquit seulement par l'occupation. Jusque-là, ces choses n'auraient appartenu à personne ; le premier venu aurait pu s'en emparer sans se rendre coupable de vol. Mais alors, à l'ouverture de toute succession, elles auraient inévitablement été livrées au pillage. Ce danger aurait présenté toute sa gravité quand l'héritier était un agnat ou des *gentiles*, une personne qui peut-être se trouvait absente, ou qui hésitait quelque temps avant de faire adition. Evidemment, un pareil pillage légal n'a jamais existé à Rome.

Enfin, nous savons qu'à *l'heres suus* incombaient la charge du culte des *sacra* et en même temps toutes les dettes de la succession. Il prenait à tous points de vue la place du défunt ; il devait, sous peine d'attirer sur sa maison les malédictions divines, observer les volontés et respecter les actes de ce *paterfamilias* que la mort avait en quelque sorte divinisé. Ce qui est vrai de *l'heres suus* l'est également des autres héritiers, *agnatus proximus* ou *gentiles*. Car le droit des uns ne diffère de celui des autres que par le degré d'énergie de leur vocation héréditaire (1), et non par l'objet de cette vocation.

Par conséquent, lorsque la loi des Douze tables dit que l'héritier recueille la *familia*, elle parle du patrimoine tout entier et non pas simplement d'une certaine catégorie d'objets matériels.

D'après la théorie d'Ihering, nous savons que le législateur n'aurait eu en vue que les *res mancipi*. Quant aux *res nec mancipi*, il ne se serait pas occupé de leur sort, il les aurait abandonnées au premier occupant. Nous savons ce qu'il faut penser d'une telle solution. C'est le cas de le dire :

« Le premier occupant, est-ce une loi plus sage ? » Pour qu'elle ne fût pas inadmissible, il faudrait que les choses *nec mancipi* fussent à peu près dénuées de valeur ; or, il n'en est rien.

On le voit, le texte que nous étudions est pour nous absolument clair ; mais pour les partisans de la théorie d'Ihering, il présente des difficultés inextricables.

On peut dire la même chose des fragments des Douze tables relatifs à la succession testamentaire.

B. — Successions testamentaires.

D'après Ulpien (2) : « Uti legassit super pecunia

(1) Nécessité pour les héritiers externes de faire adition d'hérédité.

(2) Ulpien, *Règles*, XI, 14.

tutelave suæ rei ita jus esto. » — D'après Cicéron (1) :
« Uti legassit super pecunia vel familia, ita jus
esto. »

De ces deux citations des Douze tables, la première
est généralement considérée comme seule exacte.
C'est à elle aussi que l'on s'en tient dans la théorie
d'Ihering.

Et voici comment l'interprète Cuq (2). Il n'y serait
pas question d'un véritable legs, clause d'un testament. Il faut avouer qu'à première vue cela paraît
quelque peu paradoxal ; car il semble bien certain
qu'à l'époque des Douze tables on faisait déjà des
legs, ce qui, apparemment, devait s'exprimer par le
mot *legare*. Alors, pourquoi notre fragment ne serait-
il pas relatif au véritable legs ?

Voici l'unique raison qu'en peut donner Cuq. A
l'époque des Douze tables, le testament se faisait
calatis comitiis ou *in procinctu*. Pourquoi ces formalités ? Parce qu'il mettait en jeu les intérêts d'une
famille, et, par conséquent, dans une certaine mesure,
ceux de la Société. Mais si cela était vrai quand le
testateur réglait l'attribution de toute sa *familia* ou
d'une partie seulement, c'est-à-dire de toutes ses
res mancip. ou même de quelques-unes, il n'en était

(1) Cicéron, *Rhetoricorum ad Herennium* 1, 13. — *De l'Invention*, 2, 50.

(2) Cuq, *Institutions juridiques des Romains*, pp. 282 et 304.

pas ainsi quand il voulait disposer de tout ou partie de sa *pecunia*, c'est-à-dire de ses *res nec mancipi*. Car cette dernière catégorie de choses était superflue, tandis que l'autre ne comprenait que des objets indispensables à la famille.

C'est une nouvelle application d'un principe certainement faux; nous la signalons au passage. Mais comment peut-on soutenir que l'intervention du peuple romain était nécessaire pour permettre l'aliénation *mortis causa* d'une seule bête de somme, bœuf, âne, cheval (1)..., tandis qu'il n'y aurait eu besoin d'aucun contrôle pour autoriser l'aliénation de toutes les richesses appartenant à la catégorie des *res nec mancipi?*

Mais si l'interprétation de notre fragment admise par Cuq, paraît en contradiction avec des principes absolument certains, elle est encore bien plus insoutenable quand on la rapproche des textes. Ainsi, rappelons-nous le fragment déjà étudié : « si intestato moritur... » Ce texte suppose évidemment la possibilité de tester « super familia », car il n'en règle la dévolution que pour le cas où le défunt ne l'a pas fait lui-même par testament. Si la loi des Douze tables ne dit pas que l'on pouvait « legare

(1) On peut supposer, par exemple, que le *de cujus* désire attribuer l'un de ces animaux à un étranger. Pour cela, il doit faire un testament dans lequel il institue héritier son successible le plus proche et lègue ensuite l'objet en question.

super familia », cela tient à ce que c'est par l'institution même d'héritier que l'on disposait de la *familia*. En réglant la dévolution de la *familia* pour le cas où le *de cujus* n'avait pas fait de testament, le texte suppose que tout testament impliquait disposition de la *familia*. Or, quelle était la partie essentielle du testament, celle qui seule ne faisait jamais défaut ? C'était l'institution d'héritier. Disposition de la *familia* et institution d'héritier étaient donc synonymes. En d'autres termes, ce que l'héritier recueillait, c'était la *familia*, c'est-à-dire le patrimoine.

Au contraire, d'après Cuq, le texte dont nous parlons n'aurait en vue que le legs portant sur la *familia*, c'est-à-dire, suivant lui, sur les *res mancipi* ; car, d'après cet auteur, la notion du patrimoine était inconnue à l'époque des Douze tables. Notre texte signifierait donc ceci : On peut disposer par testament de ses *res mancipi*. Si on ne l'a pas fait, les *res mancipi* passent à l'héritier sien, à son défaut à l'agnat le plus proche, à défaut d'agnat aux *gentiles*. Mais alors, puisqu'il ne s'agit pas d'institution d'héritier, mais seulement de disposition d'objets matériels, pourquoi n'est-il pas question des *res nec mancipi* ? pourquoi le texte ne porte-t-il pas : « agnatus proximus familiam pecuniamque habeto,... gentiles familiam pecuniamque habento ? »

Cette difficulté qu'il vient de soulever, Cuq la tourne en disant que la disposition *mortis causa* des *res nec mancipi* se faisait en dehors des formes testamentaires. Voilà pourquoi la loi des Douze tables dit : « uti legassit super pecunia..., » sans parler de la *familia*, car il n'est pas question ici de disposition testamentaire.

Ce n'est donc pas sans motifs que Cuq s'en tient sur ce point à la citation d'Ulpien. Celle de Cicéron : « uti legassit super pecunia vel familia... » ébranlerait fortement sa théorie, car elle prouverait que l'on disposait dans les mêmes formes soit des *res mancipi*, soit des *res nec mancipi*. Et alors le fragment « si intestato moritur... » ne pourrait plus recevoir l'interprétation qu'en donne Cuq.

Mais que de nouvelles difficultés soulevées par toutes ces explications de cet auteur ? Rappelons-nous le texte « si intestato moritur... » En soutenant que ces mots font allusion non pas à l'institution d'héritier, mais simplement à un legs de *res mancipi*, Cuq détruit la corrélation qu'établissent les Douze tables entre l'hypothèse de succession testamentaire et celle de succession *ab intestat*. L'héritier légitime recueille tout le patrimoine ; il doit en être de même de l'héritier institué : « Nemo partim testatus, partim intestatus decedere potest ».

Mais Cuq prétend rétablir l'équilibre rompu en soutenant que la notion du patrimoine était inconnue à cette époque. D'après lui, l'héritier ne représentait pas le défunt, il recueillait seulement ses biens *res mancipi* (1). Niant ainsi le principe « heres sustinet personam defuncti », il ne peut moins faire que de méconnaître une autre règle également fondamentale : « institutio heredis caput atque fundamentum totius testamenti ». D'après lui, ces formules auraient été imaginées bien plus tard, quand s'introduisit l'usage du testament *per tabulas*. Et cependant, qu'y a-t-il de plus conforme aux anciennes coutumes, à la religion domestique, que cette survivance fictive du défunt en la personne de l'héritier ? N'était-ce pas une conséquence naturelle du culte des ancêtres considérés comme la lignée ininterrompue des représentants de la famille remontant et allant se perdre dans les siècles passés ?

La règle « nemo partim testatus partim intestatus decedere potest » existait sans doute à l'époque des Douze tables. Elle semble en effet des plus archaïques. On ne comprendrait pas facilement qu'elle se fût introduite postérieurement ; au contraire, elle s'harmonise particulièrement bien avec les anciennes formes testamentaires. Le peuple romain, lorsqu'on lui présentait un testament, voulait qu'on lui fît connaître la destination de tous ses biens. Or, nous avons vu que, d'après Cuq, on aurait disposé de ses *res nec mancipi* en dehors de tout testament, suivant certaines formes spéciales. Faut-il considérer cette opi-

_____

(1) Cuq, *Institutions juridiques des Romains*, p. 285.

nion comme la négation du principe « nemo partim testatus... ? » On pourrait être tenté de dire oui. Cependant, il n'en est rien. Car, d'après Cuq, pourvu qu'on eut légué dans son testament toutes ses *res mancipi* (*familia*), on n'était pas « partim testatus (1) » ; le peuple romain devait s'estimer satisfait, il ne pouvait étendre au-delà son contrôle ; en d'autres termes, il se désintéressait complètement du sort des *res nec mancipi*. Cette théorie suppose, encore une fois, que cette dernière catégorie de choses n'était qu'un élément négligeable dans l'ensemble d'une fortune.

D'après Cuq, les mots « uti legassit super pecunia, ita jus esto » signifieraient que l'on disposait de ses *res nec mancipi* en dehors de tout testament, simplement par une déclaration verbale faite devant témoins. Voilà des formalités que personne ne connaissait avant lui, car les textes n'en font pas mention. Il prétend cependant le contraire ; pour lui, le mot *legassit* les résumerait toutes. Mais bien que cette expression *legassit* présente par elle-même quelques difficultés d'interprétation, l'on peut dire néanmoins qu'elle évoque l'idée d'une clause, très probablement d'une partie accessoire d'un testament (1). En tout cas, si le législateur avait voulu ex-

(1) Puisque, par hypothèse, il était permis de « legare super pecunia » en dehors de tout testament.

(2) Gaius, *Commentaires*, 2, 224.

primer ce que Cuq prétend lui faire dire, il aurait sans aucun doute employé, comme au sujet de la mancipation, les mots *lingua nuncupassit* au lieu de *legassit*.

D'ailleurs, le fragment que nous commentons «(uti legassit...) est loin de jouir d'une authenticité certaine. Cicéron, par exemple, ne le cite pas dans les mêmes termes ; il ajoute au mot *pecunia* celui de *familia*. On préfère généralement la citation d'Ulpien (1), et Cuq partage sur ce point l'opinion commune, et pour cause. Cependant, Cicéron connaissait parfaitement la loi des Douze tables, qui était alors affichée à Rome. A plusieurs reprises, il cite notre texte, mais toujours en termes identiques : « familia pecuniave (2) ». Mais que la formule employée par Cicéron fût ou non la formule même de la loi, peu importe. Les Romains ne se piquaient pas d'une exactitude rigoureuse dans les citations. Quant au sens, certainement Cicéron ne s'est pas trompé au point de dire que l'on pouvait « legare super familia » si cela était permis seulement « super pecunia ». Et alors, l'explication de Cuq est inadmissible, car il n'a jamais songé à soutenir qu'il fût

(1) Pour les motifs de cette préférence, V. Girard, *Manuel élémentaire de droit romain*, 2ᵉ éd., p. 782.

(2) Cicéron, *Rhetoricorum ad Herennium*, 1, 13. — *De l'invention*, 2, 50.

permis de disposer *mortis causa* de sa *familia* par simple déclaration devant témoins.

Ainsi la théorie d'Ihering, dont les conséquences, à peu près forcées, nous l'avons vu, ont été développées par Cuq, loin de donner des Douze tables une interprétation toute simple, semble contredite par elles ; loin de dissiper toutes les difficultés, elle les engendre.

D'après notre théorie, au contraire, rien n'est plus simple que ces mêmes textes. Cette simplicité paraît si évidente qu'il n'y a pas lieu d'insister ; il suffira de donner la traduction de nos deux fragments précités.

Le premier que nous avons étudié (« si intestato moritur... ») signifie que dans le cas de succession *ab intestat*, le patrimoine tout entier passe à l'*heres suus*, à son défaut à l'*agnatus proximus*, à son défaut aux *gentiles*. Rien n'est plus conforme, non seulement à ce que nous enseignent les jurisconsultes romains, mais aussi aux mœurs antiques et aux principes de la religion domestique.

Le deuxième texte (« uti legassit... ») consacre le droit de faire des legs à titre particulier. Quant aux legs que nous appellerions aujourd'hui des legs universels ou à titre universel, nous savons qu'ils étaient permis par les Douze tables. Cela résulte d'abord du premier texte, qui reconnaît indirectement le droit de disposer de la *familia* par testament.

Cela ressort aussi de plusieurs passages de Cicéron, d'après lesquels la loi disait même en propres termes : « Uti legassit super... familia ita jus esto. » Dans tous les cas, les legs ne pouvaient pas se faire en dehors d'un testament. Cette interprétation est conforme à certains principes fondamentaux passés à l'état de formules, et que les jurisconsultes romains nous présentent comme très anciens : « Institutio heredis caput atque fundamentum totius testamenti. » — « Nemo partim testatus partim intestatus decedere potest. »

§ 2. — *Fragments des Douze tables relatifs à la tutelle et à la curatelle.*

« Si furiosus escit ast ei custos nec escit, agnatum gentiliumque in eo pecuniaque ejus potestas esto. »

Ihering dit à ce sujet (1) : « Le *curator* n'a le droit de disposition que sur la *pecunia*, c'est-à-dire sur les *res nec mancipi*; le *tutor* avait ce droit sur la *familia*, c'est-à-dire sur les *res mancipi* (pour la femme, seulement sur elles, pour les impubères, aussi sur la *pecunia*). » D'où Ihering a-t-il pu tirer la distinction qu'il a insérée entre parenthèses? Le

______

(1) V. *Supra*, p. 9.

tuteur de l'impubère a-t-il seul pouvoir sur la *pecunia* à la différence de celui de la femme ? Sans doute la femme avait le droit d'aliéner ses *res nec mancipi*, du moins à l'époque classique, et l'impubère ne pouvait pas le faire. Mais cette question n'a rien de commun avec celle du pouvoir du tuteur sur la *familia* ou la *pecunia* de l'incapable. Au fond, en posant cette distinction, Ihering ne fait que rappeler des règles en vigueur à l'époque classique ; seulement, en formulant ces principes, il a tort de traduire par les mots *familia* et *pecunia* ce que les Romains désignaient sous les noms de *res mancipi* et *res nec mancipi* ; car la traduction n'est exacte pour aucune époque, même celle des Douze tables.

D'ailleurs, l'interprétation que donne Ihering du fragment « si furiosus escit... » conduit à des solutions inadmissibles. Ainsi, d'après ce jurisconsulte, le curateur du prodigue ou du fou n'aurait pas le droit d'aliéner les *res mancipi* (1), à la différence du tuteur de l'impubère. Mais pourquoi cette différence de pouvoir ? Elle a certainement un but, une origine ; quels sont-ils ? Le fragment des Douze tables devait être un mystère pour Ihering. Car si l'on entend comme lui le mot *familia*, il est bien certain que la règle des Douze tables est irrationnelle. En

(1) Ihering, *Entwicklungsgeschichte d. römisch Rechts*, 1894, p. 90.

effet, si un curateur ne peut pas aliéner des *res mancipi*, c'est que ces choses ont une valeur toute spéciale et paraissent en quelque sorte indispensables. Mais ce qui est vrai lorsqu'il s'agit des biens d'un prodigue ou d'un fou cesse-t-il de l'être quand il est question des biens d'un impubère ?

Et si le curateur ne peut pas aliéner les *res mancipi*, l'administration de la fortune de l'incapable est gravement entravée. En effet, le curateur ne pourra jamais aliéner un bœuf ou toute autre bête de somme ou de trait dont l'incapable n'a que faire, pour acquérir des denrées ou d'autres objets dont il peut avoir le plus grand besoin. S'il a un cheval de trop tandis qu'il lui manque une charrue, ne pourra-t-il jamais se défaire de l'un pour obtenir l'autre ? Qu'y a-t-il de plus gênant et de plus nuisible qu'une pareille protection de la richesse *res mancipi* ? Serait-ce à cause de ces inconvénients que le tuteur d'un impubère, par exemple, aurait obtenu le droit de disposer des *res mancipi* ? Mais précisément dans cette hypothèse, le besoin d'un pareil pouvoir se faisait moins sentir , car l'impuberté n'a qu'une durée déterminée ; au contraire, on ignore quand prendra fin la folie ou la prodigalité.

En réalité, les règles de la tutelle et de la curatelle qu'Ihering attribue à tort aux rédacteurs des Douze tables paraissent absolument inexactes. Certains textes le prouvent d'une manière indiscutable, car ils nous apprennent que le curateur pouvait aliéner les *res mancipi*.

M. Girard s'en est parfaitement rendu compte dans son Manuel (1). Il cite à ce sujet trois textes en effet décisifs.

Il y a d'abord deux fragments du Digeste.

Dans le premier (2), Julien dit que le pouvoir du tuteur s'étend sur les *res mancipi* (c'est-à-dire sur la *familia*, d'après Ihering), et il ajoute qu'il en est de même de celui du curateur. « Qui tutelam gerit, transigere cum fure potest : et si in potestatem suam redegerit rem furtivam, desinit furtiva esse : quia tutor domini loco habetur. » Le tuteur a donc pouvoir sur les *res mancipi*, autrement il ne serait pas comparé à un *dominus*. Et Julien continue : « Sed et circa curatorem furiosi eadem dicenda sunt : quia adeo personam domini sustinet, ut etiam tradendo rem furiosi alienare existimetur. » Ce fragment a sans doute subi une interpolation ; il y est parlé de tradition, alors qu'il devait s'agir de mancipation. Autrement, la phrase relative au curateur ne correspondrait pas à la précédente ; il y aurait dans le développement de l'idée générale du texte une interruption qui ne s'expliquerait pas. En effet, Julien

(1) Girard, *Manuel élémentaire de droit romain*, 2ᵉ édition, p. 218, note 3.

(2) Julien, loi 56, D. 47, 2.

dit d'abord que le tuteur est assimilé au propriétaire, « *domini loco habetur* », notamment en ce sens que la chose volée au pupille cesse d'être furtive quand elle revient sous la *potestas* du tuteur. Il ajoute qu'on peut en dire autant du curateur, car... (*quia adeo...*) etc... Les mots suivants contiennent évidemment une preuve à l'appui du rapprochement qui précède. Nous avons vu que la première partie du texte concernait le pouvoir du tuteur sur les *res mancipi* ; la deuxième partie concernait donc le pouvoir du curateur également sur les *res mancipi*, elle lui reconnaissait le droit de manciper et non pas simplement celui de faire tradition.

A présent, pourquoi Julien parle-t-il du curateur du *furiosus* seulement et non de celui du prodigue ? Parce que l'exemple était beaucoup mieux choisi. Dans l'organisation primitive de la curatelle, le prodigue n'était frappé que d'une incapacité partielle, relative seulement aux *bona paterna avitaque*. C'est uniquement sur cette catégorie de biens que le curateur avait un droit de disposition. Au contraire, l'incapacité du *furiosus* était générale ; son patrimoine se trouvait soumis à un régime unique, indépendant de l'origine des biens qui le composaient. Par conséquent, à ce point de vue, Julien avait parfaitement raison de comparer au tuteur le curateur du *furiosus* et non pas celui du prodigue.

Le deuxième fragment du Digeste cité par M. Girard (1) suppose également le pouvoir du curateur d'aliéner les *res mancipi*. Il contredit encore une fois la théorie d'Ihering.

Enfin, le troisième texte, un passage des *Commentaires* de Gaius (2), ne laisse place à aucune hésitation. Il dit en propres termes qu'en vertu des Douze tables, le curateur a le droit d'aliéner les biens de l'incapable. Gaius vient de faire remarquer que le propriétaire n'a pas toujours le pouvoir d'aliéner ; il a cité comme exemple le mari qui ne peut pas, malgré sa femme, se dépouiller d'un *fundum dotale* dont il est cependant devenu propriétaire quiritaire par mancipation, *in jure cessio* ou usucapion. Au contraire, dit-il, le curateur peut aliéner la chose du *furiosus*, bien qu'il n'en soit pas propriétaire. « Ex diverso agnatus furiosi curatorem furiosi (3) alienare potest ex lege duodecim tabularum. » Et il s'agit bien ici d'aliénation de *res mancipi*. Cela ne peut faire aucun doute pour ceux qui n'admettent qu'un seul droit de propriété à l'époque des Douze tables, le *dominium ex jure quiritium* portant sur les *res mancipi*. En effet, nous venons de voir que Gaius cite le curateur du *furio-*

(1) Julien, loi 7, D. 27, 10.

(2) Gaius, *Commentaires*, 2, 64.

(3) De même que Julien, Gaius cite comme pouvant aliéner les biens de l'incapable le curateur du *furiosus* et non pas celui du prodigue.

sus comme exemple de personne pouvant aliéner sans être *propriétaire* : « Accidit aliquando ut qui dominus non sit alienare possit » et il ajoute que ce pouvoir, le curateur le tient des Douze tables elles-mêmes. Mais cette interprétation est également certaine, quelque opinion que l'on professe sur le régime juridique des *res nec mancipi*. En effet, Gaius affirme d'une manière générale que le curateur peut aliéner les biens du *furiosus*. Si son pouvoir s'étendait seulement aux *res nec mancipi*, le jurisconsulte ne manquerait pas de le dire ; et, de plus, il aurait mal choisi son exemple, car il aurait pu prendre celui du tuteur, dont le pouvoir porte sur la *familia*. Enfin, Gaius a eu soin de préciser ; le sens qu'il donne au mot *dominus*, c'est bien celui de propriétaire quiritaire. Les exemples qu'il cite ne laissent aucun doute sur ce point. Il parle d'abord du mari qui ne peut aliéner un bien dont il est devenu propriétaire quiritaire, un immeuble qu'il a acquis par l'un des modes spéciaux aux *res mancipi :* mancipation, *in jure cessio* ou usucapion. Sans aucun doute, l'hypothèse suivante, celle du curateur, qu'il met en opposition avec la première, appartient au même ordre d'idées. Il vient de nous présenter un propriétaire quiritaire qui ne peut aliéner sa chose ; il place évidemment en face de ce dernier un non propriétaire qui a le pouvoir de transférer la propriété quiritaire. Ce pouvoir appartient donc au curateur du *furiosus*.

Etudiée de près, la théorie d'Ihering sur les droits respectifs du tuteur et du curateur paraît donc rationnellement inadmissible ; elle est même contredite formellement par les textes, et cela dans ses principes les plus essentiels.

Elle n'est pas plus satisfaisante dans ses détails. Ainsi, nous savons (1) que, d'après Ihering, la *potestas* du tuteur de l'impubère porte sur la *familia* et la *pecunia*, celle du tuteur de la femme, seulement sur la *familia*. Nous savons aussi que cette distinction n'a d'autre fondement qu'une traduction hypothétique des expressions *res mancipi* et *res nec mancipi* par les mots *familia* et *pecunia*. C'est une application pure et simple de la théorie générale d'Ihering sur le sens de ces deux derniers mots.

Mais admettons pour un instant cette manière de voir. Le tuteur de la femme n'a pouvoir que sur la *familia*, celui de l'impubère l'a de plus sur la *pecunia*. Quelle est la raison de cette différence? D'après Cuq, tous les tuteurs, sans distinction, auraient eu à l'origine des pouvoirs égaux, ceux qui ont été laissés au tuteur de la femme (2). Mais pourquoi au-

(1) V. *Supra*, p. 101.

(2) Cuq, *Institutions juridiques des Romains*, p. 308 : « La tutelle ne protège que les biens patrimoniaux. Cette règle, qui subsiste encore au temps de Gaius [G. 2, 80, 47 ; I, 192] pour la tutelle des femmes, s'appliquait vraisemblablement, dans le principe, à la tutelle des impubères... Paul compare le tuteur à

rait-on modifié la règle primitive en faveur de celui
de l'impubère? Parce qu'autrefois il n'y avait pas
lieu de se préoccuper de la conservation des *res nec
mancipi*, le législateur les considérant comme superflues et peu dignes de sa protection ; plus tard, quand
elles augmentèrent de valeur et d'importance, on
retira à l'impubère le droit d'en disposer. Toujours
nous voyons reparaître le prétendu principe sur l'importance respective des *res mancipi* et des *res nec
mancipi*. Mais l'opinion de Cuq sur l'évolution du
pouvoir des tuteurs paraît erronée. Il est assez vraisemblable que tous les tuteurs avaient primitivement
des pouvoirs égaux ; mais ces pouvoirs étaient ceux
qui furent maintenus au profit du tuteur de l'impubère. On les restreignit seulement à l'égard de celui
de la femme, parce que, au fond, l'institution de la
tutelle perpétuelle ne présentait guère d'utilité ; déjà
l'on commençait à lui porter atteinte. Ainsi expliquée,
la différence qui existe à l'époque classique entre
les pouvoirs du tuteur de la femme et ceux du tuteur
de l'impubère apparaît comme le résultat de sages
restrictions, comme une conséquence et une manifestation de l'évolution tendant à transformer la tu-

un père. La comparaison est juste : père signifie protecteur
[Paul, 71, ad Edict. Vat. fr. 304 : tutores quasi parentes proprii
pupillorum]. » Comme nous allons le voir, ce rapprochement,
fait par le jurisconsulte Paul lui-même, est des plus suggestifs.

telle, de même que la curatelle, en institutions protectrices de l'incapable.

Si nous empruntons encore provisoirement la théorie d'Ihering, nous dirons que le tuteur de la femme n'a de pouvoir que sur les *res mancipi*, le curateur du *furiosus* sur les *res nec mancipi* seulement. Pourquoi une pareille opposition? Pour être si tranchée, si frappante, elle doit avoir une explication très catégorique. Tout au contraire, il est impossible d'en trouver une qui soit satisfaisante. Car les *res nec mancipi*, choses superflues (*pecunia*), seraient abandonnées à la disposition de la femme, tandis qu'à l'égard du *furiosus* ce seraient les *res mancipi*, les choses indispensables (*familia*), qui se trouveraient soustraites à l'influence du curateur.

— Laissons donc de côté une théorie imaginée de toutes pièces qui obscurcit les textes au lieu de les expliquer. C'est aussi bien l'opinion de M. Girard ; mais cet auteur en conclut qu'il faut renoncer à attribuer aux mots *familia* et *pecunia* un sens précis ; d'après lui, ces expressions étaient synonymes à l'époque de la rédaction des Douze tables, et s'employaient indifféremment l'une pour l'autre suivant le besoin de la phrase. Quant à nous, n'allons pas jusque-là, ne jetons pas ainsi le manche après la cognée.

La théorie que nous avons admise s'adapte parfaitement au texte des Douze tables ; bien plus, pour s'en tenir aux idées générales, elle rend très heureusement compte de certains principes importants de la tutelle et de la curatelle qu'il serait difficile d'expliquer autrement.

Le pouvoir du tuteur porte sur la *familia* ; celui du curateur, seulement sur la *pecunia*. En d'autres termes, celui du premier s'étend au patrimoine dans son ensemble, tandis que celui du second est restreint aux biens considérés individuellement (1). Si

---

(1) Comme dans la théorie d'Ihering, la distinction fondamentale de la tutelle et de la curatelle se rattache donc à celle de la *familia* et de la *pecunia*, mais nous prenons ces mots dans un sens tout différent, celui que nous leur avons attribué jusqu'ici. Le pouvoir du curateur du *furiosus* porte seulement sur la *pecunia* ; cela résulte expressément du fragment précité des Douze tables : « si furiosus escit..., agnatum gentiliumque in eo *pecuniaque* ejus potestas esto ». Pour le curateur du prodigue, son rôle est absolument de même nature ; son pouvoir ne doit porter aussi que sur la *pecunia*. — Au contraire, d'après la définition de la tutelle que nous donnent les jurisconsultes romains, le tuteur possède simplement une « potestas in capite libero ». Ici, il n'est pas question de *potestas* sur les biens, sans doute parce que la nature du pouvoir sur les biens correspond à celle du pouvoir sur la personne ; l'un résulte naturellement de l'autre. Le jurisconsulte Paul (V. *Supra*, p. 108, la remarque) compare le tuteur au père du pupille : « tutores quasi parentes proprii pupillorum. » Au point de vue des biens comme au point de vue de la personne le tuteur remplace le père du pupille ; sa puissance s'étend sur la *familia*. Et ce qui est vrai de la tutelle de l'impu-

l'on compare le curateur du prodigue et le tuteur de l'impubère, ce que nous venons de dire se comprend et se justifie aisément : celui-ci dispose de tous les biens de l'incapable (*res mancipi* ou *nec mancipi*); celui-là, seulement de certains biens, des *bona paterna avitaque*. Cela résulte de la formule même d'interdiction : « Quando tibi bona paterna avitaque nequitia tua disperdis..., ob eam rem *ea re* commercioque te interdico ». En ce qui concerne les autres biens, le prodigue conservait sa pleine liberté. Et pour le dire en passant, il y aurait dans ce principe une réfutation suffisante de la théorie d'Ihering sur le pouvoir du curateur. Car les seuls biens du prodigue qui fussent soumis à ce pouvoir, les *bona paterna avitaque*, n'étaient-ce pas précisément les biens de famille par excellence, les *res mancipi*, ce qu'Ihering appelle la *familia* ? Comment peut-il alors soutenir que le pouvoir du curateur porte sur la *pecunia* ?

Mais quand l'on arrive à comparer entre eux le tuteur de la femme et le curateur du *furiosus*, il est beaucoup plus difficile d'expliquer pourquoi les textes attribuent au premier implicitement un pouvoir sur le patrimoine dans son ensemble, au second explicitement un pouvoir sur les biens considérés

bère, l'est aussi de celle de la femme : les deux institutions sont sœurs.

individuellement. En effet, le tuteur de la femme ne peut disposer que des *res mancipi* ; au contraire le curateur du *furiosus* exerce ses droits sur tous les biens de l'incapable. Dans ces conditions, les rédacteurs des Douze tables n'ont-ils pas commis une confusion ? N'auraient-ils pas dû attribuer la *potestas super pecunia* au tuteur de l'impubère et non pas au curateur du *furiosus* ? Mais alors, ne devons-nous pas nous adresser à nous-même le reproche que nous faisions il y a un instant aux partisans de la théorie d'Ihering, celui de corriger ou de passer par dessus des textes formels ? Enfin ne faut-il pas, avec M. Girard, renoncer à trouver la portée des mots *familia* et *pecunia*, ou dire, en sauvant les apparences, que ces deux expressions n'avaient pas de significations distinctes ?

Non. Seulement, rappelons-nous une chose, c'est que les anciens Romains possédaient parfaitement la notion du patrimoine. Or, le patrimoine ne doit pas être confondu avec tous les biens qui en font partie, mais considérés comme éléments de richesses. La *familia*, ce sont les choses à l'occasion desquelles se manifestent l'autorité et les pouvoirs de toute nature du *paterfamilias* (1) ; le pécule de l'esclave ne se

(1) Loi 195, D. *de Verb. Signific.*, 50, 16 : « Cum paterfamilias moritur, quotquot capita ei subjecta sunt, singulas familias incipiunt habere : singuli enim patrumfamiliarum nomen subeunt. »

compose que de *pecunia*. La transmission de la *familia*, nous avons vu que ce n'était pas précisément l'aliénation des biens, mais plutôt la substitution d'un *paterfamilias* à un autre. Par conséquent, si le tuteur avait la *potestas* sur la *familia*, c'est qu'il remplaçait en quelque sorte le *paterfamilias*. Au contraire, il ne pouvait pas en être ainsi du curateur d'un prodigue ou d'un fou. Telle est la différence fondamentale qui sépare la tutelle de la curatelle, ainsi que l'explication de cette dualité même de noms désignant des institutions qui nous paraissent aujourd'hui fort analogues.

α) Mais comment le tuteur remplissait-il le rôle d'un *paterfamilias?* C'est une question du plus haut intérêt historique, et qui semble très délicate parce que, même dans le plus ancien droit romain qui soit parvenu à notre connaissance, l'assimilation n'a jamais été complète, tant s'en faut. Par exemple, dès l'époque la plus reculée du droit romain historique, l'impubère, du moins à partir d'un certain âge, jouissait d'une capacité partielle. La femme avait même la libre disposition d'une partie très importante de sa fortune, des *res nec mancipi*.

En a-t-il toujours été ainsi? Nous avons admis que non. Très probablement la femme n'avait pas à l'origine plus de pouvoir que l'impubère ; si cela fut modifié, c'est sans doute que dès cette époque on tendait à dégager la femme d'une incapacité qui avait perdu une partie de sa raison d'être. La situation de la femme semble donc s'être distinguée de plus en plus de celle de l'impubère.

De même, plus on avance dans l'histoire, plus la différence entre le rôle du tuteur et celui du *paterfamilias* va s'accentuant. En nous plaçant à l'époque où ce mouvement commence à nous être connu, ne pouvons-nous pas, d'après l'évolution postérieure, imaginer et décrire dans ses grandes lignes l'évolution passée? En partant de l'état de choses le plus ancien que nous connaissions, si nous voulons remonter dans le passé, ne devrons-nous pas effacer peu à peu et successivement les différences qui séparent le tuteur du *paterfamilias*, de manière à assimiler et confondre leurs pouvoirs à une certaine époque plus ou moins éloignée?

Que cette similitude ait existé à l'origine, cela ne manque pas de vraisemblance. Mais, dans tous les cas, sans aller aussi loin, nous croyons devoir admettre que le tuteur remplissait, dans la mesure des besoins à la fois religieux, sociaux et politiques, le rôle d'un *paterfamilias* (1). Et cela, pour la femme comme pour l'impubère.

1° *Pour la femme*, le rapprochement de son tuteur et du *paterfamilias* paraît, à première vue, un peu trop forcé. Le principal attribut du titre de *paterfamilias*, n'est-ce pas la libre jouissance et la libre

(1) V. p. 108 la note.

disposition de ses biens ? Or, précisément, le tuteur de la femme n'a pas de pouvoir sur les *res mancipi*. Mais cette objection n'a rien de décisif. D'abord, cette prérogative du *paterfamilias* n'est pas absolument essentielle, il s'en faut de beaucoup. Ainsi, le *furiosus* en est privé : il ne perd pas pour cela le titre de *paterfamilias*. Puis, nous l'avons vu, le tuteur de la femme a peut-être joui à une certaine époque des mêmes pouvoirs que celui de l'impubère, par conséquent du droit d'aliéner les *res mancipi*. Enfin, il ne faut pas exagérer le rapprochement que nous faisons. Le tuteur de la femme ne remplit le rôle de *paterfamilias* que dans la mesure nécessaire, dans la mesure qui échappe à la femme.

Mais le *paterfamilias* n'est pas simplement un administrateur ou un propriétaire. Son rôle est plus élevé et plus étendu ; il remplit les fonctions de magistrat et de prêtre domestiques ; il exerce une influence politique, d'autant plus considérable que l'on remonte plus haut dans l'antiquité parce que les familles de citoyens (qui ont pour chefs les *patres conscripti*) sont alors moins nombreuses. A chaque famille se rattachent un certain nombre de clients et de plébéiens plus ou moins endettés qui multiplient son influence dans les réunions publiques. A tous ces points de vue les anciennes coutumes devaient laisser dans l'ombre la femme *sui juris* et l'écarter des fonctions de *paterfamilias*.

Au point de vue de la religion domestique d'abord, la femme n'aurait pu rendre aux ancêtres un culte digne d'eux; le sacerdoce domestique ne pouvait appartenir qu'à un homme. D'après Fustel de Coulanges, ce qui donnait au *paterfamilias* un caractère surnaturel et religieux, c'était sa puissance d'engendrer, de créer en quelque sorte un être humain. La fécondité de la femme n'inspirait aucun sentiment pareil.

La femme magistrat domestique? C'était également impossible. Pour cela, il lui manquait précisément l'autorité surnaturelle attribuée au père de famille. Il est vrai que dans les mains de la femme les pouvoirs de cette nature auraient eu peu souvent l'occasion de s'exercer sur des personnes libres, car les naissances hors mariage étaient probablement assez rares dans les premiers siècles de Rome. Néanmoins, à ce point de vue non plus, la femme ne pouvait remplir le rôle d'un *paterfamilias*.

Quant à l'influence politique, elle ne devait pas davantage lui appartenir. Il fallait un homme pour diriger la politique familiale. La femme n'a jamais pénétré officiellement dans la vie publique. Est-ce parce que sa légèreté, dont parle Gaius, ne lui permettait pas de discuter avec sang-froid les questions sociales et de prendre de sages décisions dans les graves affaires de l'Etat? N'est-ce pas surtout par suite de coutumes qui semblaient s'imposer par leur ancienneté ? Dans la plus haute antiquité, le rôle social de la femme a toujours été des plus modestes ; elle occupait au foyer une place tout à fait effacée. A plus forte raison ne pouvait-elle pas s'introduire dans la vie publique. Cela se comprenait fort bien chez un peuple de guerriers, comme autrefois le peuple romain ; la politique était surtout celle des armes et les décisions étaient prises par ceux qui les exécutaient (1).

Quoi qu'il en soit, nous venons de voir que la femme ne pouvait pas remplir complètement le rôle d'un *paterfamilias*. Dès lors, il était très naturel que pour ce qui échappait à ses aptitudes, ce rôle fût confié au tuteur, c'est-à-dire à l'agnat le plus proche, à celui qui, à défaut de la femme, aurait été lui-même

---

(1) Ces considérations suffisent à expliquer l'origine de la tutelle perpétuelle. Mais on peut ajouter une remarque. La femme *sui juris* qui se mariait *cum manu*, suivant l'usage presque absolu dans l'ancienne Rome, tombait dans une situation assez désavantageuse : elle passait sous la puissance de son mari et perdait sa liberté et tous ses biens. Si la femme n'avait pas été soumise à une tutelle perpétuelle, très souvent sans doute elle aurait préféré rester dans son état d'isolement, mais d'indépendance. Les mariages auraient été plus rares, au grand détriment de la République. Il est vrai que les lois dispensaient certaines femmes de la tutelle perpétuelle, mais c'étaient précisément les Vestales, qui ne devaient jamais se marier. Voilà donc, sinon l'une des raisons d'être, du moins l'une des utilités de la tutelle perpétuelle.

paterfamilias à sa place. C'est lui, probablement, qui exerçait le sacerdoce domestique, comme il devait le faire, le cas échéant, à la mort de la femme. C'est lui qui dirigeait la politique familiale, soit par son autorité personnelle, soit comme administrateur du patrimoine de la femme, dont il avait peut-être même à l'origine la libre disposition.

Le tuteur participait ainsi aux fonctions les plus élevées du chef de famille. Ses pouvoirs portaient sur ce qu'on peut appeler les éléments moraux du patrimoine familial, c'est-à-dire sur ses éléments constitutifs les plus essentiels, en un mot sur la *familia* elle-même.

2° *En ce qui concerne l'impubère,* il n'en est pas autrement. Son tuteur avait même des droits plus étendus, par conséquent ressemblant davantage à ceux d'un chef de famille ; car l'impubère ne pouvait pas disposer de ses *res nec mancipi.*

Le tuteur exerçait le maximum de ses pouvoirs quand son pupille était un *infans*, un mineur de sept ans. Car alors il gérait seul les affaires de l'incapable ; l'*infans* n'ayant aucune espèce de capacité active, il ne pouvait être question de suppléer à ce qui lui manquait. L'*auctoritas* du tuteur n'aurait pas trouvé à quoi s'appliquer, puisqu'elle avait pour but de compléter une demi-capacité, de l'*augere* (1).

---

(1) Ou, plus exactement peut-être, il était *en fait* impossible de faire agir l'*infans.*

D'ailleurs, la durée de l'*infantia* n'a probablement
été limitée à sept ans qu'à une époque relativement
récente ; comme toutes les solutions d'un caractère
aussi arbitraire et empirique (1), celle-ci résulte
d'une réforme, introduite quand la règle primitive
ne répondit plus aux mœurs nouvelles et aux nouveaux besoins de la vie pratique. Peut-être même le
pupille restait-il autrefois, durant toute l'impuberté,
dans l'état d'incapacité où il fut ensuite maintenu
seulement pendant la durée de l'*infantia*.

Mais dans les hypothèses où, à l'époque historique, le tuteur dut faire agir le pupille en personne
en lui accordant son *auctoritas*, il conserva même
alors sa *potestas super familia*. En effet, qu'est-ce
que l'*auctoritas* du tuteur? Ce n'est pas quelque
chose comme le consentement d'un protecteur, dont
certains incapables ont aujourd'hui besoin. La tutelle n'existait pas simplement dans l'intérêt du pupille, pour lui faire éviter les écueils auxquels son
discernement et son expérience encore insuffisants
ne lui eussent pas permis d'échapper. L'*auctoritas
tutoris*, ce n'était pas le supplément de capacité ré-
sultant de la sagesse d'un conseil. Mais l'impubère
n'avait pas encore droit de remplir le rôle d'un *pa-*

(1) Exemple : la puberté se déterminait autrefois pour chaque
enfant d'après l'*inspectio corporis ;* elle fut ensuite fixée d'une
manière générale à un âge déterminée.

terfamilias; il n'avait pas encore fait comme tel son entrée officielle dans le monde. Voilà pourquoi il ne pouvait pas agir seul, du moins pour rendre sa condition pire. Mais alors, son tuteur intervenait, il lui prêtait pour la circonstance sa qualité de *paterfamilias* et lui permettait ainsi d'agir comme s'il fût lui-même pubère.

Le pupille existe aux yeux de la loi ; il peut donc être institué héritier. Il a même le titre de *paterfamilias* (1) maissans pouvoir exercer les droits qui résultent de cette qualité. Il hérite pour son tuteur, comme un esclave pour son maître, comme un fils de famille pour son *paterfamilias*. Il peut contracter, et le contrat vaudra en tant qu'il rend meilleure sa condition, ou plutôt celle de son tuteur : comme un esclave ou un fils de famille peut enrichir le *paterfamilias* sans jamais l'appauvrir. Le tuteur, c'est donc, pour ainsi dire, au point de vue des biens, un véritable *paterfamilias* artificiel (2). Quant à l'impubère, sa situation est celle d'un fils de famille également artificiel. Au jour de

(1) Loi 195, § 2, D. *de Verb. signific.* 50, 16 : « Denique et pupillum patremfamilias appellamus. »

(2) A ce point de vue, il est intéressant de remarquer que le tuteur coupable de *crimen suspecti tutoris* se voyait dépouiller de ses droits de tutelle comme par l'effet de l'interdiction l'individu *sui juris* était privé de ses pouvoirs sur ses propres biens (Girard, *loc. cit.*, p. 208.

sa puberté, la personne de son tuteur disparaîtra rétroactivement, comme cela se passe à la mort d'un *paterfamilias*. Les actes seront opposables à son ex-pupille, comme ceux du *de cujus* à son héritier; entre eux, il n'y aura lieu à aucune espèce de reddition de comptes (1).

Le tuteur de l'impubère remplit donc le rôle d'un *paterfamilias* provisoire quand il prête son *auctoritas* au pupille. Il en est de même dans beaucoup d'autres circonstances.

En matière de politique d'abord, l'impubère se

(1) En matière de substitution pupillaire, le fils était considéré à l'origine, d'après Karlowa, comme n'acquérant vraiment l'hérédité qu'au moment de sa puberté (V. Girard, *loc. cit.*, p. 810. note 1). Il existe une curieuse analogie entre cette hypothèse et celle d'une succession ordinaire qui échoit à un impubère. En effet, cette succession est une *hereditas extranea*, puisque le pupille est nécessairement *sui juris*; elle n'est acquise au successible que s'il fait adition. Mais cet acte ne rentre pas dans les pouvoirs du tuteur; il ne peut s'accomplir que par le successible en personne, avec l'*auctoritas* du tuteur s'il s'agit d'un impubère. D'autre part, comme le pupille *infans* est complètement incapable, il ne peut pas faire adition à l'hérédité qui s'ouvre à son profit; et s'il meurt *infans*, il est réputé n'avoir jamais été héritier : « Hereditas non adita non transmittur ». Après l'*infantia* seulement le pupille ne se trouve plus dans une situation aussi dangereuse, il peut faire adition avec l'*auctoritas tutoris*. Encore est-il fort possible qu'il ne jouissait pas autrefois de cette demi capacité et qu'à l'origine il n'acquérait pas l'hérédité avant d'avoir atteint l'âge de la puberté.

trouve dans la même situation que la femme. Il n'a pas qualité pour s'occuper des affaires publiques. D'ailleurs, il lui serait impossible de maintenir dans l'Etat l'influence de sa famille, et de faire respecter les intérêts de celle-ci dans les assemblées publiques.

Au point de vue religieux, l'impubère n'a pas non plus qualité pour entretenir le culte des ancêtres et accomplir dignement les nombreux sacrifices auxquels ont droit ses aïeux. Durant ses premières années, il en est même physiquement incapable. Or, si Fustel de Coulanges tombe peut-être dans quelque exagération quand il explique presque toutes les anciennes institutions par le culte du foyer domestique, il n'en est pas moins certain que le sacerdoce exercé dans la famille par le *paterfamilias* avait la plus grande importance.

Au point de vue de la religion, comme au point de vue de la politique, comme au point de vue de l'administration des biens, le tuteur supplée à l'incapacité de l'impubère. Il remplit ainsi, dans la mesure nécessaire, les fonctions les plus importantes d'un *paterfamilias*, il exerce temporairement certains des attributs les plus essentiels de la qualité de chef de famille, dont l'impubère a, dirions-nous aujourd'hui, la jouissance.

Mais ce qu'il est difficile, à première vue, d'expliquer, c'est l'époque prématurée à laquelle prend fin la tutelle. A ce moment, à l'âge de quatorze ans au plus, l'enfant prend, dans ses faibles mains, les graves fonctions de *paterfamilias*. Mais en abandonnant à l'inexpérience d'un enfant les intérêts de la *familia*, qui sont en même temps des intérêts sociaux, et qu'il semble avoir entouré, d'autre part, d'une protection toute spéciale, le législateur romain n'a-t-il pas ébranlé d'une main ce qu'il cherchait à consolider de l'autre? Où donc est cette saine raison et ce sens pratique des affaires que l'on reconnaît habituellement dans les institutions romaines (1)?

L'acquisition de la capacité civile et politique, qui coïncide avec l'âge de la puberté, ne peut guère s'expliquer que par une idée déjà signalée à propos de la tutelle perpétuelle. L'enfant devenait pubère quand il acquérait la puissance à la génération (2). Nous l'avons vu, cette puissance de l'homme, à la différence de la fécondité de la femme, passait pour surnaturelle. En l'acquérant, le *paterfamilias* obtenait déjà quelque chose de ce caractère divin dont la mort devait achever de le revêtir. C'est donc au moment de l'acquisition de la puberté que l'enfant devenait pleinement capable. Ses ancêtres déposaient en lui ce pouvoir surnaturel de donner la vie à un

(1) V. Girard, *loc. cit.*, p. 222.

(2) C'est ce qui était autrefois constaté par le père, simplement d'après l'*inspectio corporis*. Au moment de la naissance de l'enfant, il commençait par le *tollere, suscipere ;* plus tard, il le déclarait pubère.

enfant, de perpétuer, par conséquent, la famille, ce qui était d'un intérêt capital pour un *paterfamilias* et pour ses ancêtres. Le caractère sacré dont le pubère était alors marqué, sans doute, par les dieux de son foyer, lui donnait le droit de communiquer avec eux par les sacrifices journaliers qu'il leur offrait. Et ce changement physique en même temps que surnaturel transformait tellement sa condition qu'il devenait, par ce fait même, un *paterfamilias* accompli. Cette marque de la protection des dieux le dispensait de celle des hommes, il n'avait plus besoin d'un tuteur.

En politique même, dans les assemblées publiques, sa voix avait théoriquement autant de poids que celle d'un vieillard expérimenté.

Voilà pourquoi le changement de condition aux points de vue civil et politique correspond à l'acquisition de la puberté. C'est la seule explication suffisante ; car, en somme, un enfant de quatorze ans ne possède par lui-même ni la force physique, ni la sagesse nécessaires, semble-t-il, à un prêtre, à un magistrat domestique, à un père conscrit (1).

Cette manière de voir est particulièrement favorable à notre théorie sur la *familia* et la *pecunia*. Car elle explique parfaitement pourquoi le tuteur de

---

(1) *Institutes* de Justinien, 1, 23 pr. : « Licet puberes sint, adhuc tamen hujus ætatis sunt, ut negotia sua tueri non possint. »

l'impubère, comme celui de la femme, jouit non pas d'un pouvoir d'ordre matériel et pécuniaire, mais d'une autorité portant sur la *familia,* sur l'ensemble du patrimoine considéré surtout dans ses éléments moraux, religieux et politique. Tout cela ne peut appartenir, en effet, qu'à un homme et à un homme pubère.

β) Au contraire, il est très naturel que le curateur d'un *furiosus* comme celui d'un prodigue n'aient que des pouvoirs d'ordre pécuniaire, et non pas d'ordre moral et religieux. Car ces incapables sont pubères; autrement ils auraient un tuteur. Ils possèdent cette puissance surnaturelle de la génération, et quand ils l'ont acquise, ils ont en quelque sorte reçu des dieux, leurs ancêtres, le caractère sacerdotal. Or, ce caractère est ineffaçable. Ce principe a toujours été admis dans toutes les religions. Un prêtre est marqué d'une empreinte surnaturelle que ni les fautes postérieures, ni les maladies ou les infirmités, ni la mort même, ne parviennent à effacer. Le *paterfamilias* pouvait devenir *furiosus* ou se voir frapper d'un décret d'interdiction pour prodigalité. Dans tous les cas, il ne cessait pas d'avoir seul le titre et le pouvoir d'un *paterfamilias*. Si la loi lui imposait une protection indispensable, du moins son protecteur, son curateur, avait un rôle d'ordre purement matériel ou pécuniaire. Le *furiosus* se voyait retirer l'administration de toute sa fortune, le prodigue celle d'une grande partie de ses biens, mais on laissait intacte leur qualité de *paterfamilias*, principalement au point de vue religieux ; et si la maladie mentale ou la passion de la dépense venait à prendre fin, le premier recouvrait de plein droit tous ses pouvoirs, le deuxième faisait lever l'interdiction qui l'avait frappé. Dans tous les cas on n'aurait jamais osé leur enlever leur qualité de *paterfamilias*, tandis que la femme et l'impubère en étaient pour ainsi dire privés. Si le curateur administrait la fortune, jamais du moins il n'avait qualité pour faire agir l'incapable avec le secours de son *auctoritas*. Car le prodigue ou le *furiosus* n'avait pas besoin de cet emprunt ; ce qui lui manquait, c'était l'équilibre des facultés mentales.

La communication de l'*auctoritas* à l'incapable, voilà ce qu'il y avait de très caractéristique dans les pouvoirs d'ordre pécuniaire d'un tuteur. Elle conférait provisoirement au pupille la capacité qu'il devait acquérir plus tard avec la puberté. Or, cette capacité, c'était le libre exercice des droits attachés au titre de *paterfamilias*. Le tuteur ne pouvait donc donner son *auctoritas* qu'en vertu du pouvoir qui lui appartenait sur la *familia*. Au contraire, le curateur n'avait d'autre rôle que de *gerere negotia* ; il administrait les biens de l'incapable, pour éviter leur perte et assurer leur transmission aux héritiers naturels. Aussi le prodigue n'avait-il même pas le droit de faire son testament, bien que ses habitudes de dissipation parussent alors présenter peu de dangers.

Comme le disent les *Institutes* de Justinien (1), le tuteur était donné « personæ, non causæ vel rei ». Ses pouvoirs d'ordre non seulement pécuniaire, mais aussi moral, politique et religieux, se résumaient tous en un seul, comme ceux d'un *paterfamilias* vis-à-vis des individus soumis à sa puissance : le pouvoir sur la personne. — Au contraire, les pouvoirs du curateur, sans rester complètement étrangers à la personne de l'incapable, étaient cependant beaucoup moins étendus. En même temps qu'il gérait la fortune de l'incapable, le curateur du *furiosus* prenait soin de sa santé de l'âme et du corps. Mais il n'avait pas les pouvoirs si généraux du tuteur, qui se rapprochaient singulièrement de ceux d'un *paterfamilias*. Le jour où il avait acquis la puberté, le prodigue ou le fou avait pris possession d'une manière définitive de ses droits sur la *familia*. Le curateur ne pouvait ni les exercer à sa place, ni l'aider à les exercer lui-même.

Pour la femme et l'impubère, la tutelle était l'état normal et forcé, pour le fou et le prodigue, la curatelle constituait une mesure tout à fait accidentelle, essentiellement provisoire. Comme aujourd'hui un

(1) *Institutes* de Justinien, 1, 14, 4.

roi atteint de folie se verrait nécessairement remplacé en fait par ses ministres dans le gouvernement
de son État, mais ne cesserait pas pour cela d'être
roi, de même le fou, le prodigue, mis en curatelle,
ne perdaient pas leur qualité de *paterfamilias*. Voilà
pourquoi l'on peut dire que le pouvoir du curateur
ne portait pas sur la *familia*, mais seulement sur la
pecunia (1).

Le fragment des Douze tables relatif à la curatelle
(« si furiosus escit... ») n'a donc pas trait à une
question de détail, celle du pouvoir du curateur sur
les *res mancipi* ou sur les *res nec mancipi*. Il a une
portée beaucoup plus haute, il pose le principe de
la distinction de la tutelle et de la curatelle.

Ces deux institutions, aujourd'hui fort analogues,
étaient donc autrefois, à Rome, séparées par une différence absolument fondamentale qui avait ses racines dans les institutions les plus essentielles de
l'ancienne Rome : la famille, le culte du foyer, l'organisation politique.

---

(1) Le pupille avait bien la qualité de *paterfamilias*, mais les
prérogatives même les plus essentielles attachées à ce titre lui
appartenaient seulement soit à l'état latent, soit sous une forme
restreinte. Un autre les exerçait à sa place dans la mesure du possible ou lui communiquait le supplément, non pas de capacité,
mais de qualité, qui lui faisait défaut.

CONCLUSIONS

L'étymologie interprétée sans idée préconçue, les textes dans leur traduction naturelle, et en particulier le fragment d'Ulpien (loi 195 D., *de verb. signific.*, 50, 16) et le passage des *Commentaires* de Gaius (2, 102), ne laissent aucun doute sur le sens des mots *familia* et *pecunia* au commencement du IVe siècle de la fondation de Rome. *Familia*, c'est le patrimoine dans son ensemble ; *pecunia*, ce sont les biens considérés isolément, comme éléments de richesse. D'un objet quelconque on ne peut pas dire d'une manière absolue qu'il fait partie de la *familia* ou de la *pecunia*, mais il dépend de l'une ou de l'autre, suivant le point de vue auquel on le considère. C'est ce qui fait paraître un peu subtile cette distinction pourtant fondamentale. Pour la comprendre, il faut se bien pénétrer de l'idée et des mœurs de l'ancienne famille romaine, se transporter par la pensée sous le toit qui abritait le foyer domestique et tout ce qu'il évoque : la vie intime de ces anciennes familles, dont chacune avait son histoire propre, ses traditions, dont elle était si fière et si jalouse, son culte particulier, avec un prêtre, un magistrat, un maître complètement libre et indépendant. Ce qui ne pouvait pas se concevoir à cette époque sans l'idée de *domus* et tout ce qui s'y rattache : tradition et culte domestique, c'est la *familia*, c'est le patrimoine.

Mais celui qui acquiert ou aliène un objet quelconque fait abstraction de tout cela ; il considère seulement la valeur de cet objet et le profit qu'il en peut tirer ; il s'enrichit ou s'appauvrit, mais son patrimoine reste intact. Les éléments du patrimoine considérés isolément, au point de vue de leur valeur, voilà la *pecunia*.

Un riche pécule considéré dans son ensemble, le Trésor public lui-même, tout cela n'est que de la *pecunia*. Mais un *paterfamilias*, si pauvre soit-il, laisse en mourant, à ses héritiers, sa *familia*.

Voilà ce que nous apprennent l'étude de l'étymologie et des textes. Et lorsque nous transportons cette double notion dans l'interprétation de la loi des Douze tables, les fragments de cette loi deviennent absolument clairs et conformes aux principes fondamentaux des institutions qu'ils concernent.

Ceux qui ont trait au droit successoral s'accordent alors avec les jurisconsultes romains pour nous dire que l'héritier testamentaire ou *ab intestat*, à la différence du simple légataire, recueille le patrimoine tout entier.

Alors ceux qui se rapportent à la curatelle semblent bien supposer la différence fondamentale qui existe entre cette institution et la tutelle.

La femme et l'impubère n'ont pas qualité pour accomplir seuls les actes les plus importants d'un chef de famille. Mais leur tuteur prend leur lieu et place ou bien les fait agir eux-mêmes en leur communiquant en quelque sorte, avec son *auctoritas*, sa qualité de *paterfamilias* pubère. Dans ce dernier cas en particulier il participe essentiellement aux pouvoirs du chef de famille. — Quant au *furiosus* et au prodigue, ils possèdent toutes les qualités d'un *paterfamilias*, mais se trouvent accidentellement incapables d'administrer sagement leur fortune. La loi charge le curateur de veiller à la conservation de cette fortune et assure ainsi sa transmission aux héritiers.

Le fondement de la tutelle, c'est surtout un intérêt moral, politique et religieux; celui de la curatelle, c'est surtout un intérêt pécuniaire. Le pouvoir du tuteur porte sur la *familia*, celui du curateur porte sur la *pecunia* seulement.

Mais sur ce point notre théorie cadre particulièrement bien avec la conception que les anciens Romains se faisaient de la puberté, d'après Fustel de Coulanges, et avec les effets surnaturels qu'ils devaient lui attribuer en y rattachant l'acquisition de la capacité civile et politique.

Ainsi, ces mots *familia* et *pecunia*, loin d'être mystérieux, évoquent certains traits d'une civilisation disparue ou tout ou moins profondément modifiée à l'époque classique, comme des pierres éparses, par les empreintes qu'elles portent, révèlent parfois l'architecture mal connue d'un autre âge. Ils jettent un jour nouveau sur les anciennes institutions si originales de la tutelle et de la curatelle, ils apprennent, à qui se donne la peine de les étudier, quelles étaient l'origine et la raison d'être de ces institutions, ainsi que la différence fondamentale qui les séparait.

Laissons donc résolument de côté la théorie d'Ihering et toutes celles qui s'y rattachent de près ou de loin. Cette théorie manque de fondement et n'a d'autre origine que le désir naturel mais dangereux d'étendre la portée d'une découverte déjà suffisamment importante par elle-même : celle de la profonde différence qui sépare le régime juridique des *res mancipi* de celui des *res nec mancipi* dans l'ancien droit romain.

Vu :
Le Président de la thèse,
CH. APPLETON.

Vu :
Le Doyen de la Faculté,
E. CAILLEMER.

Vu et permis d'imprimer :
Le Recteur de l'Académie,
Président du Conseil de l'Université,
G. COMPAYRÉ.

TABLE DES MATIÈRES

—

FIN DE LA TABLE

Saint-Amand (Cher). — Imprimerie BUSSIÈRE